英語が苦手な

相佐優斗 著　孫辰洋 監修

小学生の**9**割が
必ず 英検**3**級
をとれるようになる本

日本能率協会マネジメントセンター

はじめに

みなさんは、「英検®」という資格について、どんなイメージを持っていますか？　昔は、英検®というのはただの資格試験のひとつというイメージが強かったです。しかしここ5〜6年で、英検®の扱いが大きく変わってきています。

昔は、就職の際に評価されたり、一部の大学受験でのみ使える資格というイメージが強かった資格でした。「必要不可欠というわけではないが、とっておいても損はない」という資格のイメージを持っている人は多いのではないでしょうか。

しかし現在、英検®は「必要不可欠」な資格になってきています。中学受験・高校受験でも、「英検®をとっていること」が評価される場合が増えてきています。

それも、以前よりもどんどん「早期に」、英検®の上の級をとることが求められています。英語の早期教育が当たり前になってきていて、「小学生のうちに4級とれればとてもすごいよね」と言われていたのが、「小学生のうちに3級くらいはとっておかないとね」とか「小学生でも準2級合格している人もいるよね」という時代になってきているのです。

さらに、大学受験では総合型選抜入試において、必要不可欠なものとして扱われます。総合型選抜入試とは、ペーパーテストで学力を測るのではなく、面接や小論文などで受験生のこと

を多面的に知ろうとする試験方式です。

　そして、大学入試に占める総合型選抜の割合は2024年現在、16.8％となっています。学校推薦（26.9％）と合わせると、ペーパーテストの一般入試（43.3％）よりも多くなっているのです。

　この選抜において重視されるのは、英語力です。英語力がある人に大学側としては入ってもらいたいと考えていて、そうなると英語力を無条件で証明してくれる英検®は大事になるわけです。

　というよりも逆に、英検®をとっていないと、一次試験の書類選考の段階で落とされてしまうという大学も出てきています。「英検®準1級は必須レベルで、もし英検®2級までしかとれていなかったら、合格率が極端に下がる大学」というものも存在しています。

　また、選抜入試だけではなく、一般入試でも同じような現象が起こっています。「英検®準1級をとっていたら、一般入試において英語の試験を免除する」という大学も今では当たり前に存在しているのです。

　とにかく英検®は、これから入試を考える人であれば必須の資格試験になっています。ここ数年で、英検®は、とっておいたら便利なものから、とっておかないと不安なものになってきてしまっているのです。

　そんな中で、私たち株式会社リザプロは、英検®取得に特化

したオンライン塾を運営しています。コンセプトは、「3ヵ月で英検®をとる」です。今まで2000人以上の生徒たちに対して指導を行っており、合格率は91.4%です。

　驚かれるかもしれませんが、私たちの経験上、中学生や高校生よりも、小学生の方が、英検®をとるのが容易だと考えています。その理由は、3つあります。

　1つは、脳の問題です。

　英語の習得というのは、子どもの「いろんなことを吸収しやすい脳」を持っている状態のときに多くの英単語を習得しておき、子どものうちから英語を聞き取る「耳」を作っておくことで、その後の人生において英語が得意になるかどうかが変わってきます。

　2つ目は、挑戦や英語に対する抵抗感の少なさです。

　小さな頃の方が英語に対する抵抗感が少なく、小学生の方が積極的に挑戦をします。中高生は「いや、自分は英検®をとるにはまだまだ学力が足りないから……」などと尻込みしてしまってなかなか受験をしませんが、小学生だとまだよい意味で「怖いもの知らず」な子が多く、自分に学力があるかないかと考えないで、貪欲にチャレンジできます。

　3つ目は、時間の問題です。

　中高生になると忙しくなってきてしまい、ほかの勉強との兼ね合いもあってなかなか英検®の勉強に時間を割くことができ

ません。

　また、小学生は驚異的な集中力を持っていて、一気に何時間もずっと勉強する、ということができる場合が多いです。

　ここまでの話をまとめると、今の時代に求められている英検®は、小学生のうちから攻略のために時間をかけた方がいい、ということです。

　もうひとつ付け加えるならば、早いうちに英検®をとっておくと、子どもの自信にもつながります。「自分は英語ができる」という意識を持つことができて、その後の英語学習にも抵抗感なく入っていくことができます。

　また、英検®のための勉強は必ず、その後の人生にも活かされていくものです。英語の習得が容易になっていきますし、英語以外の勉強においても、プラスの作用が働いたという家庭も多いです。

　こんな家庭があります。「はじめは英語の勉強なんて嫌だと言っていたのに、英検®の勉強を始めて、英語が楽しくなっていき、英検®3級をとったらもう『自分は英語を使って将来働くんだ』と言うようになって、今では英語新聞を読んでいる」。こんなことを話してくれる家庭も多くて、英検®をとることが多くの生徒にとってその後の原動力になっていくことは明らかなのではないかと思います。

　ここまでで、小学生のうちから英検®に挑戦する意義が伝

わったでしょうか。

　さて、そんな状況の中で、本書は「小学生が英検®3級をとれるようになる本」です。本書は、英検®という資格を、親御さんがうまくサポートすることによって子どもに攻略してもらうための本になります。

　世の中には、英検®の問題集や英検®に出題される単語を集めた単語帳などは数多く存在していますが、それをどう使っていけばいいのか、親がどうサポートすればいいのか、ということがあまり語られていません。この部分を、具体例も上げながらみなさんに共有するのが本書になります。

　その上で、親御さんの中には、「ええ⁉　私の子ども、英検®3級なんてとれるかな⁉」と思う人もいるかもしれません。気持ちはわかりますが、大丈夫です。

　私たちの経験上、3級までであれば、親御さんが適切なサポートをすれば9割以上の確率で合格することができます。準2級以上であれば、我々のようなオンライン塾に入ってもらうことがおすすめなのですが、3級までであれば、そこまでハードルは高くありません。

「英語なんて全然やったことないよ」「英語って苦手なんだよな」というレベルの子どもであっても、合格できます。ぜひ、挑戦してみてもらえればと思います。

CONTENTS

親の役割
—— こうすれば、
小学生のわが子が英検®3級をとれるようになる

英単語
—— きちんと覚えていれば合格率は7割？

第3章 リーディング
──「英単語&過去問」で対策OK?

第4章 リスニング
──「すべて聞き取らないといけない」は勘違い?

第5章 ライティング
── 英検®はライティングによって勝負が決まる?

スピーキング
―― 「完璧でなくても、とにかく答える」
が攻略の鍵？

英文法
―― 英検®3級をとるために必要な
4つの英文法とは？

親 の 役 割

—— こうすれば、
小学生のわが子が
英検®3級を
とれるようになる

そもそも英検®とは
どういうものか

　第1章では、親御さんはいったいどのように子どもとかかわっていけばいいのかについてお話したいと思います。

　ですが、その前に、英検®とはどういうものなのか、3級とはどういう位置づけなのかについてお話していきたいと思います。

　英検®は、国内最大級の英語資格試験です。最近では中学受験・高校受験・大学受験で幅広く活用できる資格となっています。

　試験は年に3回行われ、何回でも受験することができます。試験問題は4技能（リーディング・リスニング・スピーキング・ライティング）を問うものであり、このうちリーディング・リスニング・ライティングの3つが一次試験、スピーキングが面接での二次試験となります。

　そして肝心の3級ですが、レベルの目安が「中学卒業程度」となっています。

　そう聞くと多くの人は、「うちの子は中学の勉強なんてやっていないんだから、難しいんじゃないか」「英文法も

できていないのに、できるのかしら」と不安になると思います。でも、問題はありません。

そもそもの前提からお話しましょう。英検®3級というのは、完璧な英語力を身につけているかどうかを問うものではありません。

多くの人は、英語でも数学でも、テストの範囲が決まっていて、そのテスト範囲の勉強を終わらせていくイメージを持っていると思います。

英検®もその認識の延長線上にあって、「教科書の60ページまでが3級で、120ページまでが準2級で、180ページまでが2級」となっていると思っている人が多いです。

実は、この認識は間違っています。たしかに英検®では、出題される単語のレベルが決められていて、「このくらいのレベルの英単語を出す」という範囲はあります。

ですが、英単語以外の範囲はあまり決まっておらず、「ここからここまでが出題範囲」といったたしかなものはありません。

「中学卒業レベル」と言っていますが、中学の英文法で問われる問題が多く出題されるということもありませんし、そもそも言語なので「ここまで」というラインがあまり明

確でないのです。

　仮に300ページの本であれば、300ページの内容すべてから出題されるけれど、理解度は20%くらいでいい、大雑把に基礎だけできているかが求められる試験であるということです。

　そしてだからこそ、重要になってくるのは英語の濃度です。「一定の範囲の英語を100%完璧に答えられるようにする勉強」ではなく、「すべての範囲の中で、大雑把でもいいので、20%でもいいので英語で答えられるようにする勉強」が求められています。

　たとえば、水槽をイメージしてください。この水槽がいっぱいになったら英語ができるようになったと見なされるとします。

　多くの人は、小さな水槽が5つあって、この5つの水槽をいっぱいにすれば英語ができるようになると仮定したときに、1つ目の水槽をいっぱいにすれば英検®3級が、2つ目の水槽をいっぱいにすれば英検®準2級が、3つ目の水槽をいっぱいにすれば2級がとれるようになる、と考えているのではないかと思います。

　だからこそ、「1つ目の水槽をいっぱいにするにはどうすればいいか」という思考をするのだと思いますが、それ

は現実に即していません。

　1つの大きな水槽があって、その水槽の中に水を入れていきます。もちろん、5つの小さな水槽のときよりも入るスピードは遅いですが、「20%」でもその水槽に水が入っていればOKなのです。

　だから、与えられた範囲を完璧にする必要はありません。ライティングでは英語として意味が通るか通らないかの微妙なラインでも許容されて点がとれることがありますし、スピーキングでもそこまで高い水準は求められません。一定の範囲を完璧にしてきたかどうかは問われず、純粋に「どれくらい英語に触れてここまできたのか」が聞かれるのです。

　この違いを知っているかどうかは、大きいです。

2

「完璧じゃなくていいんだよ」と子どもに話す

　この本では何度も、英語の習得に対する「大雑把」と「完璧」の違いについて触れます。それは、こここそが、英語ができるかどうかを分けるポイントだからです。

　親御さんは子どもに、「大雑把に」英語ができるようになるように支援してあげることが求められます。

　たとえば、子どもが書いた英語ライティングの文章は、「完璧」になり得ません。どんなに頑張っても、文法上のミスはあるでしょうし、「厳密に言えばネイティブはこうは言わない」という部分は出てくるはずです。

　それでも「20%」に到達しているかどうかが問われているので、それでもいいのです。極端な話、「少し違和感はあるけど、まぁ伝わるし、きちんと答えられている文」であれば、3級は9割以上点数がとれる可能性があります。

　それに対して、親御さんの中には、子どものライティングした文を見て、「厳密には違う」と考えてしまって、子どもに「正しさ」を求めて、失敗するケースがあります。

　また、発音に対する指摘も同じことが言えます。「今の

単語の発音は、厳密に言うと違う」と考えて、細かい部分を指摘しすぎてしまう場合があります。実際には、英検®3級では「発音が悪いから点数を減点しよう」なんてことはほとんどありません。

　だいたい、英検®3級は合格点が6割強です。すべてできる必要などなくて、6割ちょっとできていればいいのです。

　それなのに、親御さんの中には「どうしてこの問題が解けないの！」と、たった1問にこだわって指導をしてしまう場合があります。

　たとえばリーディングの問題で第一問は10問ありますが、その中で6問正解なら点数になります。1問正解できなかったとしてもなんの問題もありません。

　また、「どうしてもこの1問が納得できない」と子どもが悩んでいるときに、一緒に悩んであげるのも重要ですが、ときには「まぁ、これができなくても受かるからいいんじゃない？」と促してあげることも重要です。英語は言語なので、どうしてもどんなに勉強しても「納得できない！」となってしまうこともあります。

　実際に英検®3級で出された問題をもとに作った以下の問題をご覧ください。

A：This chocolates look very delicious !

B：Thanks. I made it yesterday. [　]

A：Yes , please !

1 How many did you want to eat?

2 Do you have enough time?

3 Did your friends like it?

4 What did you do?

　Aさんが「チョコ美味しそうだね！」と言って、Bさんがそれに対して「ありがとう、昨日作ったんだ」と返し、その上で何かを言いました。するとAさんは「うん！ください！」と言いました。さて、どれが正解でしょう？という問題です。

　1の「How many」は「どれくらい」という意味で、聞かれたら「数」を答えるのが普通なので1は違いますね。4の「What did you do?」は「どうしましたか？」という意味なので、「Yes」とつながらないですね。

　問題は2と3です。正解は3で、「あなたの友達はこれが好きですか？」と聞いて、「うん！友達が好きだから、ください！」と返している、ということになります。

　ですが、ここで子どもたちの何人かは引っかかります。

2は「十分な時間はありますか？」だから、「うん！　時間はあるから、チョコレートを作ってください！　って意味でもとれるんじゃないか？」と。

これに対して、明確な否定はできません。もちろん、「十分な時間はありますか？」という質問を拡大解釈し過ぎているので、3の方が正解にふさわしいわけですが、2が100％間違っているとも言い切れません。会話がベースなので、そういう可能性もあるかもしれない、ということは否定できないのです。

子どもはこういうとき、なかなか納得できません。そう思い込んでしまったら、「こっちでもいいじゃん！」と言い続けます。それに親御さんが引っ張られてしまうこともあります。

こういった問題に時間を割いてしまうのは時間の無駄です。「ここでは3番が正解みたいだね。まぁ、この問題で2番選んじゃっても仕方ないね」と言っておけばいいのです。「大雑把でもいい」と考えて、問題ひとつにこだわらず、どんどん次に進めていった方が、成績は伸びやすいのです。

だからこそここでは、大雑把に、「まぁ、この問題は難しかったね」と言っておく方が正解なのです。

ティーチングではなく、 コーチングを

　さて、ここまでで子どもへの接し方について重要なポイントは伝えられたのですが、次は親御さんの具体的な役割についてです。

　これは、「やることを指示すること」と「褒めること」の2つになります。あまり勉強の細かい部分に口を出したりはせず、「このやり方でこうするといいよ」と教えてあげることが大事です。

　よく、「ティーチングとコーチング」という文脈でこの違いは語られます。ティーチングとは実際に英語などを教えることを指し、コーチングは勉強の進捗を管理することを言います。

　みなさんは、こんなたとえ話をご存知でしょうか?

「川の前で、あなたは飢えた男の人に出会いました。何日も飲まず食わずだというその人は、川に泳ぐ魚を物ほしそうに見ていましたが、魚の釣り方を知らないので捕まえることができないのだと言います。

あなたはちょうど、魚の釣り方を知っています。さて、あなたはＡとＢ、どちらの行動を選択しますか？

　Ａ　すぐに男の人のために魚を釣ってあげる
　Ｂ　少し時間はかかるが、男の人に魚の釣り方を教えてあげる」

これは有名な、ティーチングとコーチングの違いを示すテストです。それぞれ、Ａはティーチング、Ｂはコーチングを表していると言われています。

Ａの方が、短期的にご飯にありつけるのでプラスだと考える人もいるかもしれませんが、持続性がありませんね。中・長期的に考えていくと、男の人が自分で魚を釣れるようになった方がいいわけですから、Ｂの方がいいよね、ということになります。

これを英検®で考えてみましょう。たしかに、親御さんが「いいかい、この英語はね……」と前のめりに教えたら、英検®３級がとれるようになる場合もあるでしょう。

しかしそれだと、子どもは、「親から教わらないと英検®がとれない子」「親に教えてもらわないと英語ができない子」になってしまいます。

この本の目的は、「はじめに」でもお話した通り、「小学生から英検®3級をとること」ではなく、「小学生から英検®3級をとって、その後の英語の勉強の助走をつけること」です。次につながる形で英検®をとることが目的です。

ですから、この本では「コーチング」を主眼にお話をしていきます。

「でも、コーチングだけで子どもが英検®3級をとれるようになるの？」と思う人もいるかもしれませんが、そこは問題ありません。

完璧が求められるわけではないと先ほどお話しましたが、大雑把な理解であれば、「やること」さえ示してあげれば子どもでも自分で学習できます。

そして、英検®3級はやるべきことが明確です。後ほどお話しますが、第一に「英単語の勉強」をし、第二に「過去問の勉強」をする。その上で第三に、時間や余裕があればでもいいので、「リーディング・リスニング・スピーキングにまつわるいくつかの勉強法」を実施する。この3つをクリアすれば、9割以上の確率で合格できます。

もちろん親御さんもコーチングをする必要がありますが、しかし誰かがティーチングしなくても子どもは十分合格できるのです。

　話を戻しますが、コーチングのためにやるべきことは、「やることを指示すること」と「褒めること」の2つです。道を示してあげて、その道を子どもに歩いてもらう。そして、子どもがその道を歩いていることを「すごい！」と褒めてあげて、進んでいくことを促してあげる。

　もし間違った方向に進もうとしているとしたら、道に戻してあげる。でも、歩くこと自体は子どもに任せて、子どもの背中を直接押したり、首輪を着けて引っ張ったりはしない。

　そうすると、英検®3級をとれるようになる頃には、今度は「自分で英語を学んでいける子」になってもらえます。

4

やるべきことは
なんなのか？

では、英検®3級において「やるべきこと」を、ここで先にお話しておこうと思います。

1 英単語の勉強をする

■ 英検®3級の英単語帳を買って、その単語帳の言葉を9割覚えられるように、毎日触れる

2 受験日までに過去問の勉強をする

■ リーディング：10回分程度
■ リスニング：10回分程度
■ ライティング：5回分程度
■ スピーキング：5回分程度

3 リーディング・リスニング・スピーキングにまつわるいくつかの勉強法を試してみる

■ 映画を使った勉強法
■ 音読勉強法

この3つのステップで勉強をしていくことが重要です。

　最初の1週間は英単語の勉強だけでいいので頑張ってもらい、それを継続させながら、過去問の勉強に入っていきます。

　過去問は、順番に進めてもいいですし、同時並行でいろんな勉強をしてもいいですが、スピーキングは2次試験なので、後回しでいいでしょう。

　そして、余力があったらステップ3のいくつかの勉強を試してみてください。

　本書では、第2章でステップ1の英単語の勉強について触れます。そこでも詳しくお話しますが、ここが6割と言ってしまっても過言ではないくらい、英単語の勉強は重要です。これは毎日触れるようにしましょう。

　そして、それと同時並行で行うべき過去問の勉強・ステップ2について、第3章〜第6章でご紹介します。第3章でリーディング、第4章でリスニング、第5章でライティング、第6章でスピーキングについてお話します。

　第3章〜第4章はそこまで親御さんの関与が必要ない分野で、第5章〜第6章は親御さんの指摘が必要になってくる分野になります。とはいえ、あくまでも「指摘」レベルなので、何かを教えるという「指導」が多く必要なレベルというわけではありませんので、ご安心ください。

完璧な英語はあるのか？

　その上で、これらすべてに共通する要素として存在するのが、「褒める」というものです。

　先ほどから何度も触れているとおり、英検®3級は「大雑把」でいいです。そんな勉強の中で重要なのは、とにかく多く英語に触れて、とにかく多く英語をアウトプットすることです。

　極論を言ってしまえば、「正しい英語を身につけることをゴールにする」のではなく、「間違った英語でもいったんは目をつむって、経験値を増やすことをゴールにする」方が、英語の習得も英検®の合格も「近道」になる場合があります。

　その最たる例は「発音」です。何か英単語を話したときに発音が間違っているとして、そこで「発音が間違っている！」と言ってしまうと、子どもは「間違ってしまう可能性があるから、ちゃんと考えてから口にしよう」とブレーキがかかってしまう場合があります。

そもそも発音なんて、英検®3級では加点要素になることさえあれ、減点要素にはされません。「20%」でいいのですから。

もっと言えば、いろんな国でいろんな発音があって、「これが正しい」というものが明確にない場合だってあります。

英語が母国語の国というのはいくつもあって、代表的な例で言えばイギリス・アメリカ・カナダ・オーストラリア・ニュージーランドなどがありますが、これらの国の間でさえも、発音は国ごとにバラバラです。

日本では、アメリカ英語やイギリス英語の発音がキレイだと感じる人が多いですが、それだって他の国から見たら「キレイ」かどうかわからないと言われています。

また、シンガポールは英語を話しますが、「シングリッシュ」なんて言われているくらい、シンガポールなまりの強い英語を話しています。英語とはそういうものであり、「正しい」というものがあると考えすぎるとよくないのです。

理由やロジックを考えるよりも、「慣れ」てしまった方が早い、ということもあります。

日本語で考えてみましょう。たとえば、我々日本人は目上の人への挨拶で「おはようございます」と言いますよ

ね。でも、「こんにちはございます」と言いますか？　言いませんよね。「こんにちは」「こんばんは」でも十分丁寧な言い方になると思います。これは外国人が日本語を学ぶときに「なんで？」と日本人によく聞くことです。

　さて、日本人として日本語をたくさん使っていて「おはようございます」「こんにちは」など何万回も使っているであろうみなさんにお聞きしますが、なぜ「こんにちはございます」と言わないんでしょう？

　もっと言えば、その違いを意識して「これこれこういうルールだから、こんにちはございますは使わないんだ」と考えて使っていますか？

　そんなことはないですよね。ただ覚えているだけ、ただそういうのは使わないという理由だけで使っているはずです。

　これと同じで、言語はとにかく暗記から入っていいものなのです。まずは覚えてみる必要があります。

　暗記して覚えたら、もっと覚えやすくするために、ロジックや理由を知る必要が出てきます。とはいえそれはもっと後の話であり、英検®準1級くらいの話になります。英検®3級は「20%」でいいのですから、覚えてしまっていいわけです。

　そして子どもは、吸収が早いです。変な先入観がない分、英語を聞きやすくなる耳・「英語耳」が育ちやすく、ちょっとしたフレーズを覚えることも簡単です。好きな映画ができたら何度も何度も観ますし、覚えてしまうまで飽きずに視聴して勉強できるというのが子どもの素晴らしいところだと思います。

　そんな状態まで行けば、親の役割なんてほとんどありません。どんどん英語を勉強していくことができます。

　そして、ちょっとした映画の一言の中に含まれているフレーズから英語を覚えることができたり、ちょっと覚えた英語のリスニングの一節が別の場所に活かせることもあります。そのときに、「厳密に言うとそれは違う」「発音が違う」と指摘しても、あまりうまくいきません。

　子どもの一挙手一投足に対して、「もっとこう言った方がいい」「こうした方がいい」と指摘していると、子どもはどんどんやる気をなくしていってしまいます。そうすると、英語の勉強それ自体に対して「やりたくないもの」というイメージがついてきてしまいます。

　親御さんの目から見て「もっとこうした方がいいんじゃないか」と思うポイントもあるかもしれませんが、厳密さを求めず、大雑把でもいいと考えた方がいいわけです。

「bad」ではなく 「better」

　重要なのは、「これはダメ」と言うのではなく、「いいね！」と言うことです。

　褒めて、前にどんどん進むように指摘していく。たとえ間違っていたとしても、実行していることを褒めてあげる方がいいのです。

　ここで意識するべきは、「bad」ではなく「better」の姿勢です。

　悪いところを指摘する、つまり「bad」がどこにあるのかを指摘するのではなく、よりよくするためのポイントを指摘する、つまり「better」を作るためのポイントを指摘するのです。

　簡単な言い方の問題でしかないわけですが、これはとても重要なポイントです。

　子どもに対して、「ここがダメだったね」「ここはよくないね」という言い方をすると、子どもとしては「ダメだったんだ……」と、落ち込んでしまいます。英語の勉強において、アウトプットが嫌になってしまうというのは大きな

問題です。

　ということで、「さっきのここの部分、こうすればもっとよくなると思うよ！」「ここの部分だけ、こうしてほしいな！　それ以外は完璧だよ！」というように、「よりよくするために」という言い方をするのです。

　日本人は、完璧主義になりがちです。「英語は、100点満点な表現じゃないとダメ」と考えてしまいがちです。
　子どもはそんな風に思っていない場合もありますが、小さな頃に「あなたの英語は100点じゃないよ」と言われ続けてしまうとどうでしょう。
「やっぱり英語は100点のものを話さなければならないんだ」「まだ自分は英語を話せる段階じゃないんだ」と勘違いしてしまいます。
　たとえそれが20点の英語であってもいい、というのが英検®３級だと何度もお話していますが、やはり大雑把でもやぶれかぶれでも褒めてあげる必要があります。

　もっと言えば、小学生でそんな風に英語に触れて勉強できている時点で、「100点満点」なのです。「100点満点だけど、120点にするためには」ということを指摘しているわけなのです。

ですから、子どもに対して指摘するときは、「よりよくするために」という語り口をするようにしましょう。そうすれば、子どもにとっては英語を話せば話すほど、親から褒めてもらえるという考え方になっていきます。

　子どもに英語を好きになってもらった方が、習得が早くなっていくので、親の役割としては、子どもが英語を好きになれるように「すごいね！」と言い続ける必要があるのです。

COLUMN

3人の職人の話

3人の職人という話があります。

むかしむかし、旅人が町に行きました。

そこには3人の職人がいて、レンガを積んでいます。3人は
まったく同じようにレンガ積みをしています。旅人はその職人
に話しかけました。

1人目に「あなたは今、何をしていますか」と聞くと、「レ
ンガを積んでいます」と答えます。2人目に「あなたは今、何
をしていますか」と聞くと、「建物を作っています」と答えま
す。

さて、3人目に「あなたは今、何をしていますか」と聞くと、
「この町の人が憩えるコミュニティの場を作っています」と答
えたそうです。

この3人の中で、一番効率がよくて長続きするのは、3人目
ですよね。

この話は、「3人目の職人のようなモチベーションが必要で
ある」という教訓を教えてくれます。

具体的に言うのであれば、子どもが英検®の勉強をしている
ときに、「英検®がとりたいから勉強している」という状態で
はあまりよくありません。「海外で活躍する人間になりたいか
ら、英語の勉強をしているんだ」「世界で活躍するプロスポー
ツ選手になりたい、そのためにいっぱい英語をしゃべれるよう

になりたい、だから、そのために英検®をとる！」と、目的意識をきちんと持っている状態になることがとても重要なのです。

　その点、小学生はモチベーションが高くなりがちです。
　私たちも教えていてすごく強く感じることですが、小学生は、夢が「○○中学校に入りたい」とかじゃなくて、「世界で活躍する医者になりたい」とか、スケールが大きい場合が多いです。中学生や高校生になると、「受験のため」みたいな短期的な目標になってしまう場合が多いですが、小学生は夢がとにかく大きい。その夢を、親御さんはぜひ、引き出してあげてください。

　英検®という短期的な目標を達成した先に、「中学受験ではどこに合格したいか」「どんな将来にたどり着いて英語を使いたいのか」といったことを考えてもらう。そうすれば、英検®に対するモチベーションも大きく向上するはずです。

第 2 章

英単語

―― きちんと
覚えていれば
合格率は7割？

1

英検®3級は、英単語が7割

　ここから具体的に小学生が英検®3級を攻略するための戦略についてお話していきます。

　英検®3級は、リスニング・リーディング・ライティングの一次試験の後にスピーキングの二次試験があります。ですからここからの章でそのすべてをお話していくわけなのですが、その前に、「英単語」というものについてお話しなければなりません。

　というのも、リスニング・リーディング・ライティング・スピーキング、そのすべてに対応するための基礎となっているのが「英単語」なのです。

　極端なことを言うと、英検®3級は英単語をきちんと覚えていれば、7割は対応したことになります。

　文法がガタガタでも、リスニングやライティングに慣れていなくても、英単語さえわかれば解ける問題が多いからです。

　たとえば、こんな問題があるとします。

A : Is she a good teacher?

B : Yes , she has a lot of [　　　] in teaching. She has been teaching English for 10 years.

1 experience

2 fashions

3 cards

4 parties

　Aさんは「彼女はいい先生ですか？」と聞いています。それに対してBさんは「はい、彼女は○○を多く持っている先生です。彼女は10年間英語を教えています」と言っています。ですから答えは1になります。

　さて、この問題が解けるようになるための知識とは、どんなものがあるでしょうか？　「has been teaching」は現在完了進行形で、通常は中学・高校で習うような英文法です。ですからこれが自分の頭に入っていないと解けない……と思いがちですが、実際のところ、だいたい流れで、「10年」「英語を教えている」ということはわかりますよね。

　その上で、「2　多くのファッションを持っている」「3　多くのカードを持っている」「4　多くのパーティーを持っている」となっていますが、どれも意味が通りません。「1

多くの経験を持っている」だったらわかります。つまり、単語さえ理解できていれば、英文法の知識がなくても、解けてしまうわけです。

　ということで、重要なのは「英単語」です。
　英単語さえ頭に入っていれば、まずリーディングテストで太刀打ちできますし、リスニングテストでも問題なく対応ができます。ライティングとスピーキングは別の対応が必要になる部分もありますが、しかしそれもちょっとした努力でなんとかなります。

　英単語「だけ」を徹底してもらったある小学生の話をしましょう。
　その子には、『英検®3級 でる順パス単』（旺文社）という英検®特化の単語帳の単語を9割答えられる状態になってもらい、それ以外の勉強についてはほとんど触れませんでした。
　にもかかわらず、リーディングテストでは6割5分、リスニングテストでは5割5分の成績をとることができました。ライティングはまだまだといったところだったのですが、6割強で合格の英検®において、この成績は十分なものです。とにかく、単語を頭に叩き込むことが重要だということですね。

2

1日30個ではなく、
1日1000個

　さて、「英単語が大事」ということについてはお話した
とおりなのですが、具体的に、どんな風に英単語を覚えれ
ばいいのでしょうか?

　まず、先ほどご紹介した『でる順パス単』という単語帳
があります。この単語帳を買って、英単語を覚えるために
努力していく必要があります。
　この単語帳には、900個の単語と、400個の熟語が載っ
ていますので、合計1300単語を覚える必要があるという
ことになります。
　ここで考えてみてほしいのですが、「1300個覚えなけれ
ばならない」というときに、みなさんはどう考えるでしょ
うか。

「1300個を3ヵ月で割って、1ヵ月で430単語くらいを覚
　えればいいのかな」
「1ヵ月は30日間なわけだから、430単語÷30日間で、だ
　いたい1日に15単語くらい覚えていけば間に合いそう!」
「1日に15単語くらいなら、30分くらいで覚えられそう

だから、うちの子でもそれなら頑張れそう！」

　多くの人はこう考えるのではないでしょうか？
　しかし、これでは大抵の場合、うまくいきません。それ
どころか、この進め方をしている人の大半は、大失敗して
しまいます。

　なぜなら、「忘れること」を考慮できていないからです。
　人間は忘れっぽい生き物です。今記憶したことでも、
24時間経ったら約90%は記憶から消えている場合が多い
です。
　ということは、1日11単語覚えたとしても、次の日には
1〜2単語しか覚えてないわけですね。そんな状況で、次
の新しい11単語を覚えたとしても、全然記憶に溜まって
いかないのです。
　極端な話になりますが、1回も復習しないで毎日11単語
覚え続けたとしても、3ヵ月後には一度覚えた1000単語を
ほとんど忘れてしまっているということが発生してしまう
わけです。
　覚えても、忘れる。これが、多くの子が単語の勉強を苦
手としてしまう理由だと言えます。

　さらに、こういった覚え方にはひとつの大きな落とし穴

があります。それは、「思い出す速度を考慮できていない」というポイントです。

　みなさん、そもそもの話なのですが、英単語の勉強をする理由は、「英検®の試験で使えるようにするため」ですよね。そう考えると、「覚えている」程度では、点数にはつながりません。

　覚えているだけでは不十分で、それをパッと答えられたり、見た瞬間に意味がイメージできたり、活用できるレベルになっていないと意味がありません。

　1回勉強して、その単語の意味を聞かれたら、「うーん。うーん。あ、○○！」と答えられる程度では、なんの意味もないのです。答えるまでに時間がかかってしまう知識なのであれば、テストの中では「覚えていない」のと一緒というわけですね。

　では、どうすればいいのでしょう？　先ほども述べたとおり、人間は、人間である以上、何かを忘れることを止められません。どんなに頑張っても、「忘れる」という宿命からは逃れられないのです。

　ですが、「忘れる」タイミングを遅らせることはできます。その方法は、復習です。

一度覚えたものを、復習して再度覚えると、その再度覚えた単語は、忘れにくくなります。そうやって何度も何度も復習していくうちに、だんだんと、定着していくようになるのです。

　そして、何度も復習したものは、どんどん思い出す速度が速くなっていきます。単語が身体に染みついて、条件反射的に思い出すといったことがどんどん可能になっていくのです。

　ですから、おすすめの勉強法として、「1300単語を一気に、1時間でペラペラめくってみるという行為を、100回繰り返す」をお子さんにやってみてもらってください。

　単語ひとつを見る時間は、だいたい2〜3秒で大丈夫です。慣れてきたら1秒でもいいくらいです。スピードを考慮した暗記を、何度も繰り返していくのです。

　とにかく、忘れてもいいから、脳に焼きつける。それを、できれば1日2回程度、1時間1300単語を繰り返していきます。100単語とか200単語とか、そんな半端な数の暗記はやめて、1300単語覚えたいのなら1300単語を、毎日触れている状態にするのです。

　「そんな短時間しか見ていない記憶で大丈夫？」

そう不安に思う人もいるでしょうし、事実、最初の3日間くらいは効果を実感できないかもしれません。

しかし、それで大丈夫です。そもそも、もししっかりやったとしても、どうせそんなに覚えられません。それよりは、パパッと見ることを繰り返した方が、圧倒的に効率がいいのです。

この勉強法によって、1300個の単語に何度も触れることになります。そして、触れ続ければ、だんだん覚えられるようになっていくのです。

先程記憶のメカニズムの話をしましたが、こうやって何度も繰り返していくことで、「何度も覚えては忘れて」のサイクルを回すことになります。

おすすめなのは、お子さんのルーティンにすることです。毎日決まった時間に、1300単語覚えるための勉強を実践していくのです。

行うタイミングを、身体に染み込ませるためにも、時間はしっかり固定しておいた方がいいでしょう。

たとえばおすすめの時間は、朝起きた直後の時間と、夜の寝る前です。

朝起きたタイミングは、1日の始まりということで心機

一転のタイミングですし、夜は寝ている間に記憶が整理されやすく、暗記のゴールデンタイムだなんて言われているくらいです。

　難しければこれ以外の時間でもいいのですが、重要なのは、時間を決めておいて、毎日続けられるルーティン化をしておくことです。子どもに、朝ごはんの前と夜寝る前に「やってみよう！」とうながすのです。

　これを、1ヵ月半、毎日2回繰り返せば、1000個のうちだいたいのものは覚えられるようになりますし、スピーディーに単語の意味を答えられるようになります。過去問を解いていても「えーっと、あの単語の意味なんだっけ？」となることもなくなって、文章を読むスピードも圧倒的に速くなります。

3 アプリと音声を フル活用する

　もうひとつ、英単語の勉強を実践してくときに重要なポイントがあります。それは、アプリケーションや音源をフルで活用することです。

　多くの子は、「英単語を覚えなさい」と親が言うと、ただじっと英語を見て覚えようとします。

　でも、ただ見ているだけでは覚えられるようにはなりません。

　それに、見て覚えても、発音がわからない場合はリスニング問題に対応できません。

　重要なのは、その単語がどんな発音なのかを知ることです。自分で口にもしてみて、それで初めて英単語は覚えられるようになります。耳も使い、口も使う。目と耳と口を3つ使った方が、覚えられます。

　最近の単語帳には音声がついています。それ以外にも、YouTubeでは英単語を読み上げてくれる動画がアップされていることもあります。

　音声を聞きながら、そしてその音声を聞いて自分でも発

音してみながら、勉強していくのがいいでしょう。

　ここで、もうひとつお話しなければならないのは、「速度」の問題です。

　音声読み上げは、速度をとにかく速くすることがおすすめです。

　通常、ひとつの単語を読み上げる速度は5秒程度になります。ですが、それを1.75倍速か2倍速で聞くようにしましょう。

　こうすることで、リスニングでも速さに慣れているので耳がいい子が生まれますし、実は速い方が覚えられるものなのです。

　よく、勘違いしている人がいますが、物事を覚えるときや問題を解くときには、「速く速く！」と指導する方が正しいです。脳科学的には、思考は「じっくり」ではなく、「速い」方がいいと言われています。

　たとえば、お子さんが勉強に詰まっているときに「とにかく、時間をかけてゆっくり、丁寧にやってみよう」と指導する親御さんがいますが、それは逆効果な場合が多いわけです。

　物事を考えるときには思考を巡らせるので、速度が大事

です。頭の回転は『速い』と形容されますが、それは「考える」＝「思考を速くする」ということだと言えます。

　時間をかけても、子どもは考えることができない。ですから、「速く速く！」という指導の方が適切です。
　字がきれいかどうか考慮したりなどせず、また丁寧に1単語を考え込むなんてことをせずに、とにかくスピーディーに物事を考える習慣をつけてもらった方が、思考がうまくできるようになることが多いのです。

　ですから、速度で負荷をかけることが大事です。ぜひ意識してみてください。

4 ちょっとしたテストを 出してみよう

　ここまで述べてきたように勉強をしていくわけですが、ちょっとしたときにテストをしてみてあげてください。

「ねえねえ、この単語ってどういう意味だったっけ？」

　こんな風に聞いていくのです。それも、普段の日常生活の中で使われているちょっとした英語と結びつけるのがおすすめです。

　日本は、世界の中で唯一、「英語圏でないのに英語を使う国」だと言われています。町の至る所に英語があふれています。映画館には「CINEMAS」と書いてあり、喫茶店には「COFFEE」と書いてあります。いろんな場所にカタカナ語がたくさん存在していて、英語の会社名の日本企業もたくさんあります。

　その感覚がきちんとある子だと英語を習得するスピードが速くなり、そうでないと英語を習得するスピードは遅くなってしまいがちです。

　だからこそ、「普段目にするものの中にも英語がある」

という意識を持ってもらうことはとても大事なのです。ですから、街を歩いているときでも、「あの英語、どういう意味かわかる？」と聞いてみるわけですね。

　子どもが遊んでいるときも同じです。よく、ゲームは勉強の役に立たない、と言われますし、実際、直接的に勉強につながる要素は少ない場合が多いと思います。

　しかし、ゲームって意外と英語が使われていることが多いですよね。ゲームの設定を変える「オプション」は、選択肢を意味する「option」から来ています。一時停止をするときに「ポーズ画面」が出てくる場合が多いですが、これは一時停止・休止を意味する「pause」から来ています。遊びとしてやっているゲームでも、「勉強とつながっているんだ」という意識が生まれると、机の上でだけではなく、ゲームをしているときにも勉強ができるようになるかもしれません。

　小さなときから、「英語」＝「外国人が使っている言葉」と考えてしまうと、なかなか英語の吸収はうまくいかず、成績も上がっていきません。なんとなく身構えてしまって、堅苦しい気分になってしまうからです。子どものうちはむしろ、我々が普段から使っている言葉のひとつとして学んでいく方がいいのです。

乗り換え案内の話

　みなさんは、乗り換え案内のアプリを使ったことはあります
か？　現在地を入れて、目的地を入れれば、必ずそこまで行く
のに最適なルートを提示してくれるというものです。カーナビ
と同じですね。スマホを使っている人なら誰でも地図アプリで
「案内機能」を使ったことがあるのではないでしょうか。

　この乗り換え案内アプリ、現在地と目的地がわかっているか
ら、その間を埋めるためにはどうすればいいのかが検索できる
わけです。それと同じで、英検®の勉強というのも、「現在地」
と「目的地」さえ意識できれば、その「ギャップ」を埋めるこ
とができます。
　ここでいう「現在地」は「現状の点数」であり、「目的地」
は「理想」です。この2つを知り、そのギャップを埋めるため
にはどうすればいいかを考えるのです。

　この本では、過去問をとにかく解くことを推奨しています。
過去問は、勉強をする際に「現在地」を教えてくれるもので
す。「リスニングは6割半が目標で、今は5割いってないくらい
だから、あと2割くらいは上げないと！」「そのためには、あ
と何問解ければいいんだっけ？」と考えていくことができま
す。

　このように、具体的な目標があって、それを埋めていくため
の勉強をしていくかのように考えていくのが一番、やる気が出

ます。がむしゃらに「よし、リスニングをやるぞ！」ではなくて、「今は50点か、あと15点上げよう！　あと3問！」みたいに考えられた方が、努力が継続しやすいのです。

　その上、その目標に照準を合わせて、そこまでたどり着くための方法を考えていくことにもつながります。「この問題が解けていれば合格点だった。なんでこの問題を間違えたのかな？」と考えることで、問題の分析もできるようになります。
　ここまで一人でできるようになれば、英検®の取得は確実でしょうし、もっと言えば、その先のどんな試験も自分で立ち向かえるようになります。ぜひ、その状態になるまで伴走してあげましょう。

第 **3** 章

リーディング

—— 「英単語＆過去問」
で対策OK？

リーディングの原則

1

　英語の試験というと、リーディングのテストをイメージする人も多いと思います。そのイメージのとおり、リーディングで点が安定すると英検®3級合格は確実になってきます。

　ですから対策をしっかりとやった方がいい分野ではあるのですが、このリーディングテストこそ、「英単語&過去問で十分対策可能な分野」の筆頭です。

　とにかく英単語をしっかりと勉強して、過去問を10回分程度実施すれば、7割とれるようになる分野だと言うことができます。

　英検®3級のリーディングテストでは、英語の短文の4択問題が20問、メールのやり取りに対する回答を考える4択問題が5問、英語の長文に対する回答の問題が5問出題されます。

　短文の4択問題の分量が多いですが、基本的に20問中15問は、単語の勉強をすれば解ける問題になっています。ここで点を落とさないようにすれば、点数につながるはず

です。

　たとえば、こんな問題が出ます。

A：Have you ever seen my [　　　]？ I'm going
　　 shopping.
B：I saw it on the table.

1 wallet
2 museum
3 school
4 gym

「私の○○見なかった？　今からショッピングに行くんだ
けど」「ああ、テーブルの上にあったよ」となります。
「1　財布」「2　美術館」「3　学校」「4　ジム」となるわ
けですが、1以外は考えられないですね。それ以外は持っ
て歩くことができません。「shopping」と「1　wallet」と
いう単語さえわかっていれば、「財布が正解だな」となる
と思います。

　こんな風に、単語が理解できればある程度類推できて解
ける問題がほとんどです。単語の勉強をしっかりとやって

おく必要があるでしょう。

　もちろん、ちょっとした英文法の知識が必要な問題が出題されることもあります。
　ですが、基本的に問題数が少なく、英文法の知識だけで解く問題ではなく単語の知識も使える場合もあるので、これらの問題の対策については正直小学生の間はあまり考えなくていいと思います。

　「大雑把でいい」というのが英検®3級をとる鍵です。解けない問題や対策に時間がかかるこういった問題に関してはスルーでいいと思います。

2　身の回りの英単語

　さて、ということで「いかに英単語が大事か」が第2章とあわせてより理解できるようになったのではないかと思うのですが、ここでひとつみなさんに伝えておくべきことがあります。

　それは、「英検®3級で出る英単語のほとんどは、日常の中で目にするものが多い」ということです。

　英単語帳の『出る順パス単』を何度も紹介していますが、その中の英単語を見てみると、「我々が日々の生活の中で使う英単語が6割だ」ということに気づくはずです。

　たとえば、先ほどの選択肢では「museum」＝「ミュージアム」、「gym」＝「ジム」という英単語が出ていました。これは普通にカタカナ語で使いますよね。「○○ジム開設！」といった駅の広告をよく見かけますし、「△△ミュージアムに行こう！」というCMもよく流れています。

　また、「school」＝「スクール・学校」だって、カタカナで使う場合もあるはずです。このように考えていくと、英検®3級で出る英単語の半分以上は、見覚えのある英単

語なはずなのです。

　でも、それでも英単語を覚えられない人、リーディングのテストで点数がとれない場合が多くあるのも事実です。

　その理由は何かというと、スペルです。「museum」が、我々がよく目にする「ミュージアム」と同じだとは認識しておらず、間違えてしまうのです。
　たしかに、スペルが日本語と違うケースは多いです。「ジム」というのも、日本語のローマ字で書こうとすれば「zimu」ですよね。でも実際は「gym」になります。このように、日本語と英語のスペルの考え方は全然違ってきます。

　ここでの親御さんの役割は、英単語の勉強をしているときとリーディングの勉強をしているときに、問題を解くハードルを下げてあげることです。

「これ、英語になっているからわからないかもしれないけれど、『ミュージアム』だよ！　ほら、先週△△ミュージアムに行ったじゃない？」

　こんな風に説明してあげてください。

そうして、「なあんだ、museumってミュージアムのことか！　だったら解けるじゃん！」と子どもが考えられるようになると、うまく成績が上がっていきますし、どんどん新しい問題を解く意欲が湧いてくると思います。

また、生活の中で「ほら、今のCMでもこんなカタカナ語を言ってたよね」「今、『ランチ』って言ったけど、ランチってどんなスペルだったっけ？」というように、普段から口頭で子どもにそういった言葉を聞いてみるといいと思います。

ちなみに、それでもこれらの言葉をなかなか覚えられないという場合は、簡単な英単語とその絵が描いてあるポスターを買ってみましょう。教科書に載っているような、「食べ物の英単語リスト」とか「職業の英単語リスト」とか、そういったポスターやシールがたくさん売られています。それらを買って、家のいろんな場所に貼りつけておきましょう。

そうしておくと、普段から英単語を見る習慣ができるようになるはずです。

E-mail問題について

　英検®3級で出題されるのは、このような読解の問題です。

　メールの文面があって、その文面に対しての返信が2通ほど続きます。そして、そのメールの内容を読んで、後の問いに答えなさい、というものです。少しみなさんにも確認してみてもらいましょう。

From: Mika caroline
To: Cathy caroline
Date: April 5
Subject: Next Sunday

Hi grandma Cathy.

Thank you very much for coming to my birthday. We were all glad to see you and I loved your present! It's so nice to have a pen with my name on it.

Do you remember Lucy, the girl with a blue dress? She really liked your cookies and she wants to know how to make them. Can I bring her with me when I come to visit you next

Sunday?

See you,

Mika

(1) Why does Mika want to take Lucy to her grandmother's house?

1　Because Lucy wants to know how to make tasty cookies.

2　Because Lucy wants to learn French.

3　Because Lucy likes blue dresses.

4　Because Lucy likes nice pens.

【文面の日本語訳】

こんにちは、キャシーおばあちゃん。

私の誕生日に来てくれて本当にありがとう。私たちは皆、あなたに会えて嬉しかったし、あなたのプレゼントがとても気に入りました。自分の名前が入ったペンがあるととても嬉しいです。

青いドレスを着た女の子、ルーシーを覚えていますか?彼女はあなたのクッキーがとても気に入ったので、その作り方を知りたいと思っています。次の日曜日にあなたを訪ねるときに彼女を連れて行ってもいいですか?

またね。

ミカ

このように、基本的に、親族や友達へのメールが多くなっています。

　最初のメールで「やあ、この前はありがとう！　今度こうしたいんだけどどうかな？」とお願いをして、「いいよ！こんなことしようか！」というように受け答えをするパターンが多いです。

　そして、そのメールの文面を見て、問題に答えるというわけですね。たいてい、「このメールにはどんなことが書いてありましたか？」ということを聞いています。

　たとえば今回の場合だと、「Mika はなぜLucy をおばあちゃんの家に連れて行きたいのですか？」という問題になっています。

　さて、この問題は難しくはありません。
「why」＝「なぜ？」や「what」＝「何？」からスタートする質問が何を聞いているのかをしっかり理解すれば答えるのは難しくありませんし、そこまで長い文でもないので、文法的な知識がなくても単語の知識で解ける問題だと考えられます。

　しかし、この問題に対して子どもたちの中には「こんなの難しいよ！」という子が多いです。

　なぜなら、今の子どもたちはメールなどしないからで

す。やったことがないから、わからない。だから、

From: Mika caroline
To: Cathy caroline

　ということの意味がわからないのです。たしかにメールした経験がないとイメージできないかもしれませんね。

　これは、大人でメールをした経験がある人であれば、当たり前にわかることだと思いますが、「Mika」がメールの送信元で、「Cathy」がメールの受信元ですね。
　そして、同じ苗字「caroline」となっているので、親族関係ではないかということがわかりますし、「Hi grandma Cathy.」から始まっているということで、これはおばあちゃんに向けて孫がメールを打っているということがわかります。

　ちなみに、英検®3級の問題設定はたいてい、子どもが主人公です。今回のMikaも、おそらく子どもでおばあちゃんと離れて暮らしているんだろうな、ということがわかります。
　でも、最近はメールなんてやりませんから、これだけ見ても「なんの話なのか全然わからなかった！」という子は

多いです。

　また、メールだとわかった人でも、こんなことを言う子どももいます。「なんですぐに本題に入らないの？」「なんで誕生日の話なんてしてるの？」と。

　文面でのコミュニケーションにあまり慣れておらず、LINEなどの簡単なコミュニケーションツールばかり使っている子が多いものですから、ちょっとワンクッション簡単なあいさつを入れるとか、本題に入る前に連絡を入れるとか、そういった文化にそもそも慣れていない場合が多いのです。

　ですから、子どもに自分でメールを打ってみてもらうのがおすすめです。

　パソコンを用意して、「これと同じように、お母さん（お父さん）にメールを送ってみて」と言うのです。子ども用のアドレスを作って、親御さんのメールアドレスを教えて、そして文面を英語で打ってもらうわけですね。

　これで、メールというものを理解できるようになりますし、英作文の練習にもなります。

　ちなみに、英作文の問題で出題されるEメールの問題は、こういったものです。

- あなたは，外国人の友達（James）から以下のEメールを受け取りました。Eメールを読み、それに対する返信メールを解答欄に英文で書きなさい。
- あなたが書く返信メールの中で、友達（James）からの2つの質問（下線部）に対応する内容を、あなた自身で自由に考えて答えなさい。
- あなたが書く返信メールの中で、「　　　　　」に書く英文の語数の目安は、15語~25語です。
- 解答が友達（James）のEメールに対していないと判断された場合は、0点と採点されることがあります。友達（James）のEメールの内容をよく読んでから答えてください。
- 「　　　　　」の下の「Best wishes,」の後にあなたの名前を書く必要はありません。

Hi,

Thank you for your e-mail.

I heard that you went to your friend's birthday party. I want to know more about it.

How many people were at the party?

And how was the food?

Your friend,

James

> Hi, James!
> Thank you for your e-mail.
> 「　　　　　　　」
> Best wishes,

「メールをありがとう。あなたが友達の誕生日パーティーに行くと聞いたよ。いくつか聞かせてね。どれくらいの人数が来るパーティーなの？　あと、ご飯はどんなの？」と聞かれていて、「メールありがとう！　『　　　』」と答えるという内容になっています。

　なお、スピーキングの問題でも同様の形式で出題されるのですが、それは下線部が質問になっていて、答えるというものです。

　質問に対して答えるというのはとても重要なので、ぜひ意識してみてください。このライティングの問題と、先ほどのリーディングの問題を両方とも意識して解いてみてください。

4 英語長文問題の流れ

　さて、最後は英語の長文です。長文の問題というのは、多くの子にとって「長くて解きたくないもの」だと認識されていると思います。

　しかしそれは、解き方を知らないからです。もし、英語長文を見て「こんなのめんどくさい！」と子どもが言い出したら、こんな風に言ってみてください。

「それ、『ウォーリーを探せ！』だよ」

　1から全部英語を読んで、一言一句理解して問題を解かないといけない問題だと考えていると、辛くて苦しいものだと思ってしまいます。

　でも、英語長文問題はすべての文を読まなくてもいいのです。先に、与えられている問題文を読んで、「何が答えの根拠なのか？」ということを意識します。そして、問題文を見た上で、選択肢に目を通しましょう。

　文章は、子どもが読むにしては文字が多くて、たくさんの情報があって整理が難しいです。でも、そのすべてが問

われるわけではありません。その文章の中で読むべきポイントは少なく、5つの問いに答えられるような「ウォーリー」さえ探し当てられれば、それでいいのです。極端なことを言えば、問題に関係のない情報はすべて読み飛ばしてしまってよいのです。

そして、その問題文には、多くのヒントが隠されていることがあります。

たとえば、「When did he go to the America?」という問題文があって、「1　1984」「2　1987」と年号が並んでいたとします。

問題文の意味は「彼はいつ、アメリカに来たのか？」となっています。ということは、「この登場人物は、どこかからアメリカに来たんだな」ということがわかりますよね。そう思って文を見れば、「この人はどっかでアメリカに来るんだよな。その年号が載っているはずだから、きちんと探してみよう」と考えることができて、文章の内容も理解することができます。

ここまでわかったら、「じゃあ、具体的な数字が書いているのはどこだろう？」と探すことができます。実際に問題文を見てみるとわかると思うのですが、英語ばかりの文の中に「1984」といった具体的な数字があると、見つけることは簡単なはずです。そしてその前後を見れば、「こ

こにこう書いているってことは、これが答えなんじゃないか？」とわかるということも大いに考えられます。

　今は年号を例にお話しましたが、具体的な人名や場所の名前などは、大文字で書くというルールがありますから、文の中にある大文字の部分を探せば、それだけで解答の根拠を探すことができる場合もあるのです。

　これはもう、本当に『ウォーリーを探せ！』（フレーベル館）の気分ですよね。

　そして、問題文の中にはかなり長文に対するヒントが載っている場合があります。

　たとえば、「It is dangerous to use a lot of sugar because」という問題文があって、「because」以下のところを選択肢から選べ、という問題だったと仮定します。これは「多くの砂糖を使うのは危険だ、なぜなら〜」となっていますが、これを読めば、文章の中で「多くの砂糖を使うのは危険だ」という話が書いてあるということがわかります。

　後ほどお話しますが、各問題は各段落に対応していることが多いので、「あ、この段落では『多くの砂糖を使うのは危険だ』という話が書いてあるんだな」ということがわかるようになります。新聞でいうところの「見出し」が、問題文になっているようなイメージ、と言えば伝わるでしょうか。結局、全部読まなくていいわけです。ここでも

「大雑把」を発揮してもらえるといいと思います。

　こんな風に長文問題を読んでいくと、問題に関するヒントや文章全体のメッセージがわかるようになります。お子さんにも、ぜひ「人探し、間違え探し」のクイズを解くようなイメージで指導していくことをおすすめします。

　当たり前の話ではありますが、文章自体もそこまで力を入れて読まなくても問題ありません。

　たとえば、日本語でシチュエーションを考えてみましょう。あなたがふと日本語の新聞を渡されて、1面にどんなことが書いてあるかざっくり教えてほしいと言われたら、あなたは1面の記事を最初から1文字ずつ読みますか？おそらくそんなことはしないですよね。

　そうではなく、なんとなく眺めてキーワードを拾い上げ、「ああ、これは新しい政策の話だな」とか、「陸上の世界選手権で新記録が出たんだな」とか、大雑把に把握することができるでしょう。

　英語だって同じです。英語圏で育った人は、英語の文章を同じように斜め読みしています。そして、そっちの方が、英検®側が求めている読解には近いのです。何度も言いますが、「正確に」は英検®3級においては間違いです。正確さを追う読み方ではなく、「なんとなく何が書いてあるか把握する読み方」が求められている、という意識を

持ってください。

　子どもにもそんな風に伝えてあげれば、きっと「じゃあ、このクイズ頑張って解いてみよう！」という気になるはずです。

　最後に、「英検®3級の問題あるある」を紹介しておこうと思います。たいていの場合、英検®3級で与えられる問題のパターンというものがあります。

■ テーマになるのは、偉大な人の人生遍歴や、有名なモノ・テクノロジー・商品の制作秘話などが多く、固有名詞がタイトルになっている場合が多い
■ 4段落構成になっている場合が圧倒的に多く、問題は5問になっている。1問目が第一段落に、2問目が第二段落に、3問目が第三段落に、4問目が第四段落に対応していて、5問目は「このストーリー全体のまとめ・説明として正しいものを選べ」という問題が出る
■ 道徳的な話だったり、こういう困難を乗り越えた、というような「いい話」が多い

　これを知っておくだけで文章が読みやすくなるので、ぜひお子さんに伝えてあげてみてください。

テストの位置づけ

　みなさんは、子どもが100点満点の試験で、何点をとったら褒めますか？　70点をとったら褒めますか？　60点でも褒めますか？　難易度にもよると思いますが、人によってまちまちでしょう。テストの点数はとてもわかりやすいので、褒めたり叱ったりしやすかったりもします。

　突然ですが、東大生の中には「100点満点をとると落ち込む」人が多くいるそうです。とある東大生は、満点だったらすごく嫌な顔をしていました。「なんで？」と聞いてみると、「だってテストって、できないところが見つからないと意味がないだろ。満点だったってことは、受けた意味なかったじゃないか」と答えました。

　彼は、模試や試験・問題というものを「弱点発見のための手段」だと考えていたのです。たしかにその定義で言えば、1問も間違えなかった満点のテストでは、ただのひとつも弱点を発見できていないという意味で「受ける意味がなかった」ということになってしまうのです。

　逆に0点のテストだったら「こんなに伸びしろがある！」「こんなに弱点を発見できた！」といいこと尽くめだと言えます。
　弱点発見の手段としてテストを捉えるなら、「0点のテストだったら喜んで、100点のテストだったら落ち込まなければならない」のです。

一体何が言いたいのかというと、テストの点数だけで一喜一憂するのはあまりよくないということです。テストは、できていないところを見つけるためのひとつの手段であり、その点数であまり一喜一憂してはいけないのです。喜んでもいけないし、叱ってもいけない。

むしろ、どんな点数であれ「よくやった！」と褒めて、積極的にテストや過去問を解いてもらいやすい状況を作ることです。テストを解けば、自分の今の知識のどこが穴になっているのか、どこができていないのか、逆にどこができているのかを明確にすることができます。どんな形であれ、たとえ0点であれ、前進なのです。

注意しなければならないのは、「できていないこと」を責めてはいけないということです。できなくてもいいから、「弱点を導き出せればOK」というテンションでテストを出していくのです。そのできなかったところができるようになっていけば、「成長しているね」と褒めてあげるわけです。ぜひやってみてください。

第 **4** 章

リスニング

―「すべて
聞き取らないといけない」
は勘違い？

1 英検®3級のリスニングを突破するために

　英検®3級のリスニングテストの問題は、全部で30問あります。10問は「イラストを参考にしながら対話を聞き、答えを選ぶ」というもので、20問は「あらかじめ与えられた4つの選択肢を読みつつ対話を聞き、答えを選ぶ」というものになります。

　6割〜7割が合格ラインなので、30問中20問程度聞き取れればOK、ということになります。

　さて、リスニングに対して苦手意識を持っている子はとても多いです。「読んだり書いたりはできるけど、耳で何かを聞いて答えるって、難しいイメージがある」というのは、小学生だろうが大人だろうが関係なく思っていることかもしれません。

　ですが、それは実は、ある勘違いからそうなっているだけなのかもしれません。

　その勘違いとは、「全部聞かなければならない」というものです。

　子どもがそう思っている場合もありますし、親御さんが

間違ってそう指導してしまっている場合もあります。

　そもそも日本人によくありがちなミスとして、英語のリスニング問題に対して「全部聞かなければならない」と思い過ぎてしまう、というものがあります。

　リスニング音声が流れて耳に入った瞬間に、「一単語も逃さずすべてを聞き取らなきゃいけない」と考えてしまう人が多いのです。

　しかし、こう思ってしまうと、リスニングの攻略はほぼ不可能になってしまいます。そうではなくて、流れてくる音声に対して、大雑把でもいいから話を理解することが求められます。

　日本語で考えてほしいのですが、私たちは人の話を100％聞いているでしょうか。

　たとえば校長先生の話を1から100まで一言一句聞いていたという人はいないはずです。大雑把に、「こういう話なんだろうな」という要点を聞いていれば、怒られることもないはずです。

　ちょっとした日常会話でもそうです。誰かが「昨日、渋谷の人気のレストランに友達と入ったら、A子ちゃんとばったり会ったんだよね！」と言ったとします。その場

合、「渋谷の人気のレストラン」「友達と入った」という情報は聞いていなかったとしても、「A子ちゃんとばったり会った」だけ聞き取れていれば、大体相手が何を言いたいかわかるはずです。

　普段から私たちは、聞かなくていいことは聞き流して、耳に入っていても注意を向けないことも多いわけです。相手の言っていることの50%ぐらいしか聞いていない、といっても過言ではないと思います。

　なのに、英語になった途端、100%で聞こうとしてしまうんですよね。

　はっきりと言いますが、英検®3級のリスニングテストは、「全部聞こう」と思って解いている人にとってはとても難易度の高いものです。大学受験のような難しさになってしまいます。

　ですが、「答えだけ出せればいいや」と考えている人であれば、まったく難しいものではありません。「何を言っているかわからなかったけど、この単語だけは聞き取れたから、この選択肢を選んだ」というような選び方であってもなんの問題もないのです。

　特に3級は、ひっかけも少なく、そのレベルの選び方で選択肢を選べる問題が多いです。

ここでも第2章と同じことを言いますが、基本的には英単語の勉強をしていればなんの問題もないのです。単語さえ読めて、単語さえ聞けていれば、リスニングの音声のすべてを聞き取ることはできなくても、だいたい流れは理解できるわけですね。

　だからこそ、第2章でお話したとおり、英単語を聞きながら、口にしながら覚えている子であればリスニングは問題なく対応できるようになるのです。

　「でも、それでほんとうの英語力が身につくの？」と思う人もいるかもしれませんが、実際に英語を使う人たちだって全部聞いているわけではないのですから、それでいいのです。

　むしろ逆に、小さなときから相手の話をすべて聞こうとするのではなく、要点だけを押さえる聞き方をしている方が、成績が上がりやすいと言えます。

英語のリズムをつかもう

　さて、英単語の勉強が終わったら、とにかくリスニング問題の過去問を解いてみることをおすすめします。過去問を解けば、「どんな問題が出題されるのか」ということに対する想像力がつくからです。

　英単語の勉強をしっかり終わらせた子であれば、だいたい20回分くらいの過去問をしっかり解くと、点数が安定してきます。

　逆に、「やっぱりまだ単語が覚えられていない」となったら、単語の勉強に比重を戻してください。このあたりは、リーディングのときと同じですね。

　そしてその中で意識してもらいたいのが、「英語のリズムをつかむこと」です。

　英語は、何度も聞いていると、「ああ、ここが聞き取れればだいたいわかるな」と思えるポイントをつかめるようになってきます。お子さんが、「だいたい何をいっているかはわかった」と思えるようになるには、そのある「ポイント」を理解する必要があるのです。

具体的にお話しましょう。

　まず、日本語と違って、英語は文の構造のパターンが少ないです。どんな場合であっても「主語があって述語が来る」ということは変わりません。

　日本語であれば「さっき彼女が私の手を握ってきた」と言っても、「私の手を彼女が握ってきた、さっきの話だけど」と言っても、どちらでも通用します。

　でも、英語でそれは成り立ちません。英語では、「I」という「『誰が』という行為者」＝「主語」をあげた上で、「『play』『run』などの『何をしたのか』という行為」＝「述語（動詞）」が次に来ます。この流れ自体は、どんなに英文が難しく複雑になろうとも、変わらないことが多いのです。

　たとえば次の文をご覧ください。

A lot of intellectual people read this difficult book.

　少し難しいので、リスニングでもしこの文が流れてきたら、「なんだろう？」と思ってしまう人もいるかもしれません。

　ですが、ポイントを押さえれば誰でも簡単にこの文が理

解できます。

　この文の中で、「述語」はどの単語でしょうか？　「述語」を探そうとすると難しいかもしれませんが、要するに「どんな行動をしているのか」という「動詞」を探してみましょう。そんなに難しくないですね。「read」＝「読んだ」だとわかるはずです。

　これが動詞だと認識できれば、ルールとしてその前までの「A lot of intellectual people」は主語だとわかります。そして、「read」さえ聞き取れてしまえば、「よくわからないけれど、人が何かを読んだんだな」ということはわかるはずです。こうすれば、大雑把に英文を理解することができますよね。

　もっと言えば、「読んだ、ということは、何かの文章か、本か、そんなところだろう」と類推することができます。もし「book」を聞き逃していても、「read」さえ聞けていれば問題ないのです。

　でも多くの人は、先ほどの一文で「intellectual people」という英語の意味がわからず、「なんて言ったんだろう？」と思ってしまいます。

「intellectual people」は「知識人」という意味ですが、もしこの単語がわかっていないと、どんどん次の文が続いていく中で、わけがわからなくなってしまうのです。リスニングの問題であれば、あっという間に置いていかれてしまい、点数がとれなくなってしまうわけです。

だからこそ、述語に注目して聞く必要があります。そうすれば、「なんか、人が、何かの本を読んだって言いたいんだな」というくらいのことはわかります。
そしてたいていの場合、これくらいの理解でも次に進ことはできます。

英検®3級の問題は、これくらいでも全然解くことができてしまいます。
難しい単語が出てきたり、「今の単語ってなんだっけ？」と思った瞬間に「もうダメだ」と思ってしまっていてはリスニングなんて夢のまた夢ですが、「動詞さえ聞き取れれば、なんとなるかも」と思って聞いていると、英文に置いていかれることはないのです。

お子さんがリスニングの勉強をする際は、このことを意識して聞くようにしてもらえればと思います。

3 リスニングは、始まる前に 勝負が決まっている

　さて、過去問を解くときに実践しなければならないことがひとつあります。それは、「下読み」です。

　英検®3級は、10問は「イラストを参考にしながら対話を聞き、答えを選ぶ」というもので、20問は「あらかじめ与えられた4つの選択肢を読みつつ対話を聞き、答えを選ぶ」というものです。後半の20問は、あらかじめどういった選択肢なのかがわかります。

　そして、この20問において特に重要なのは、推測・予測しておくことです。

　実は、リスニングは、英検®に限らず、「始まる前に9割がた勝負が決まっている」のです。リスニングが流れ始める前に、そもそもそのリスニングの音声でどんなものが流れるか予想をつけておかないと問題が解けないのです。

　この点を見逃していて、推測する練習・対策をまったくしていない人が多いです。

　たとえば英検®では、リスニング問題が流れ始める前に

は、ちょっとした時間があります。問題形式の説明をしている時間が1分程度ありますし、前の問題を解き終わった後のちょっとした時間もあります。

　ここの時間で、問題文と選択肢を読み、「どんな音声が流れるのか」について、リスニングの音声を予測してみるわけです。

　実際にはこのような問題が載っています。

No.1
1 She played tennis.
2 She went shopping.
3 She studied English.
4 She made dinner for her friends.

　このように、英語の選択肢があらかじめ与えられていて、どれが正解かを選んでいくというものになります。文の場合もありますし、単語の場合もあります。

　本当は、音声が流れてからこの問題を読んで、答えを出してもらうことが想定されています。

　ですが、実際には先にこの部分を読んでおき、「こんな音声が流れるかもしれない」と考えて、下読みして準備し

た上で、リスニングを聞き、答えを探す、というのが基本的な流れになります。

　ちなみに、まれに親御さんの中で、子どもがそんな風に先に問題を読むのを「ズルしないの！」と怒ってしまう場合があります。
　これはズルではなく正当なテクニックであり、多くのリスニングテストでみんな同じことをやっているものですので、安心してください。

　そして、このように選択肢を見た上で、どういったポイントに注目すればいいのかというと、それは「テーマ」と「他の選択肢との違い」です。

「テーマ」は、そもそもどんな文が流れそうか、ということを考えます。
　たとえば今回の場合、「彼女は〜した」という文が4つ並んでいて、その動詞がすべて違います。過去形になっていますが、「play（遊ぶ）」「go（行く）」「study（学ぶ）」「make（作る）」ですね。このように、動詞がポイントになっている問題は多いです。

　そして、何が聞き取れれば正解になるのかといえば、

「彼女は遊んだのか、行ったのか、学んだのか、作ったのか」ということです。きっとこのリスニング問題では、女の人が、たとえば「昨日こんなことがあって〜」と話すんじゃないか、ということが類推できますよね。これが「テーマ」です。

「他の選択肢との違い」も意識しましょう。

たとえば、今回は「彼女は遊んだのか、行ったのか、学んだのか、作ったのか」が焦点です。彼女の昨日の行動がどうだったのかということを意識すれば、答えが出るはずです。

もっと言えば、たとえば登場人物で男性が出てきて、「僕はテニスをしたんだよね。君は？」と話すかもしれませんが、男性は今回、選択肢にはかかわっていません。ということは、女性の行動だけを追えばいいわけで、そこは聞かなくてもいいんだ、という意識を持つことができます。

逆に女性が、「Yesterday, I …」なんて言い始めたら、「あ！　ここがポイントなんだ！」と意識する必要があります。ここをしっかりと聞き取って、問題に対応できるようになれば、英検®のリスニングに対応できるようになり

ます。

　過去問を何度も解いてもらい、この部分をしっかりと意識してもらいましょう。

　たとえば、一度問題を解く前に選択肢を20個読んでもらい、「No.1から、それぞれどんな音声が流れると思う？　どんなことを聞き取れれば正解が出るのかな？」ということを親御さんが一緒に考えてみるのもいいと思います。

　子どもですので、たいていちょっと読みが甘かったり、親御さんも「え？　そういう展開もあるのかも？」と思うようなこともあるかもしれません。予想というのはそういう、不確かなものです。

　でも、いろんな予想が立てられるようになると対応できるようになるものなのです。「じゃあ実際にどうだったか聞いてみよう！」と一緒に聞いて、「あ！　当ってたね！」「お母さんの予想が当たったね」というようなトークを楽しむことが重要だと思います。ぜひ意識してみてください。

英検®に関する心がまえ

　英検®を受けるお子さんに対してのコミュニケーションで、ひとつ意識をしてもらいたいことがあります。それは、「命令しない」ということです。

　こんな話があります。東大生の親御さんは、子どもに「○○させる」ということをあまり言いません。「うちの子には今、勉強をさせている」とかそういうことを極力言わないように心がけている家庭が多いのです。

　その理由は、「○○させる」というのは、上の人が下の人に何かを命令してやらせることになってしまうからだそうです。この言葉は、子どもの自立を阻害することになってしまいます。

　誰かの命令を聞いてやっているうちは、自分で考えて行動することになりませんよね。だから、極力「親が言ったから子どもがそういう行動をする」という状態を作らないようにしているのです。

　命令的に何かを話すことをしない。極力、子どもの自発的な行動を促すようにする。この意識を持っておく必要があります。

　子どもが勉強していないときに、「勉強しなさい！」と怒る親御さんは多いと思いますが、それはあまりよくないということです。

　「え、でもそれだったら、子どものことを叱れないんじゃないの？」「英語の勉強しないときにどうすればいいの？」と思うかもしれません。

　正解は、「質問」です。英検®の勉強をしていない子どもを見たら、「ねえ、どうして勉強しないの？」と問うのです。「勉

強しなさい」と押しつけるのではなく、ただ勉強をしない理由を質問するのです。

　正直、この質問に対してきちんと答えられる子どもは少ないです。ただなんとなく、「なんか、勉強したくないなぁ」と思って、遊んでいる場合が多いでしょう。

　しかし質問されて、勉強について考えていると、「あれ、聞かれて初めて気づいたけど、あの宿題やってないな」「そういえば、あの勉強をやろうと思ってた」と、自分で「やるべきこと」がわかり、考えるきっかけになるのです。第1章のコラムで「目的」の話をしましたが、「ここで休んでいたら、将来英語を使って世界で働けない！」と思い直してくれるかもしれませんし、そう考えられるように促してほしいと思います。

　まったく逆の考え方として、もし子どもが「こういう理由で、今自分は勉強しないんだよ」と反論したとしましょう。もしその理由が稚拙なものであれば、親御さんはもっと質問していくことでその理由を崩すことができます。「でもそれってこうじゃないの？」と、質問を繰り返していくことで、「まあ、たしかに親のいうことも一理あるな……」と考えるようになります。

　もし、その理由が真っ当なもので、「なるほど」と親御さんが感じられるようなものだったのであれば、「そうなんだ！　わかった！　聞いてごめんね！」としっかりと受け入れるのも重要なことだと思います。

　ここで重要なのは、「どうして勉強しないの！」と、質問風な叱り方をしてしまうことです。子どもがプレッシャーを感じるように話をしてしまうと、萎縮して、親御さんにそんな気はなかったとしても、「勉強しなさい」と言われているのと同義に捉えてしまうからです。ぜひ、言葉遣いには気をつけてみてください。

第 **5** 章

ライティング

—— 英検®は
ライティングによって
勝負が決まる？

1

ライティングは
英検®攻略の肝

　次はライティングです。ライティングの問題は、英検®において配点の比重が大きいです。

　これは公式な情報ではないのですが、英検®について調べていると、だいたいライティングテストの満点は16点満点です。そしてこれが、650点に換算されます。15点だったら610点に、14点だったら570点に、といった具合で点数が650点満点に換算されるのです。

　これに対して、リスニングは30点満点で、これが650点に換算されます。29点だったら630点に、28点だったら610点に、というように計算されていきます。リーディングも同様で問題数はリスニングよりも多く、リーディングの分の650点分を足して、1950点満点となり、そこから6割強の点数をとれれば合格、となります。

　ということは、リスニングに比べて、ライティングの方が、点数の重みが大きいのです。ミスしたら一気に点数が減ってしまうんですよね。

英検®はライティングが勝負を決めると言っても過言ではないわけです。そんなライティングの問題に対して、どのように対応すればいいのでしょうか?

　まずはどんな問題が出るかについて見てみましょう。

　Questionについて、あなたの考えと、その理由を2つ、英文で書きなさい。語数の目安は25〜35語です。

　そして、問題にはパターンがあり、それは次のようなものです。

1 Do you…
2 What is…(Where do you want to…、Which do you like…、Who do you…という変則パターンもある)

　1が「あなたはどうですか?」という「Do」の問いで、Yes/Noで答えた上でその理由を書いていく問題です。

　たとえば「Do you want to」とつながり、「あなたは将来海外で働きたいですか?」「あなたは留学したいですか?」というような質問になります。

　2が「あなたが○○なのはどういうものですか?」「どこに行きたいですか?」というような「What・Where」

の問いで、答え方としては「I'm…」「I want to…」と具体的なものをあげる必要があります。

　たとえば「What do you think…」とつながり、「あなたが一番大事だと思うものはなんですか？」という質問になったり、「Where do you want to…」となって「海外旅行に行くならどこにいきたいですか？」という質問になったりします。

　この答え方には、若干英文法が必要ですね。英語のルールで、「Do you」と聞かれたら「Yes/No」で答えて、「Wh」から始まる疑問詞で聞かれたら、具体的にその疑問に答える、というものがあります。これはぜひ覚えておきましょう。

　その上で、これらの問いには、答え方のパターンがあります。3つのステップで紹介します。

１　まず答える

Do 型の質問　Yes, I…/
What 型の質問　I want to…, I think…

　まずは一言で答えを作りましょう。このとき、最後に結論を持ってくるのではなく、最初に一言で結論を伝える必

要があります。

② 「理由は2つある」

There are two reasons.

　次は、「理由は2つある」と書きます。「reason」に「s」をつけて複数形にすることを意識してください。

　なぜこれが必要なのかというと、問題文にこう書いてあるからです。

「その理由を2つ、英文で書きなさい」

　2つと言われているので、2つ答えるよ、ということを示す必要があります。

③ 「1つ目は〜」「2つ目は〜」

First,…
Second,…

　そして、1つ目の理由と2つ目の理由を書きましょう。大体ステップ1・2を書いて、ステップ3で減点されるのを覚悟しつつ答えを書いていく、という必要があります。

ちなみに、もちろん「2つ理由を書きなさい」なので、1つだけだと点が伸びません。完璧に1つの理由が書けていても、2つ目の理由が書けていないとかなり点数が引かれてしまいます。

　ですから、「First,…、Second,…」と答えることは必ずやってみてください。

2

指導の仕方は、「順番」を意識しよう

さて、ここまでご紹介してきた型のとおりに書けば一定の点数がとれるようになるわけですが、ここからは、子どもの英文に対してコメントをしていく必要があります。

ちょっとシチュエーションを考えてみましょう。

たとえば、次の2つは、子どもの英語での間違いです。さて、どちらの方の間違いを、強く「今のは間違っている」と指摘した方がいいでしょうか?

A I have a SUMAHO.（単語が違う・SUMAHOではなくphone）
B Have a phone me.（順番が違う）

「カタカナ語の名詞を間違えてしまう」ことと、「順番を間違えて考えてしまう」こと。どちらもよくある間違いであり、子どもがよくやってしまうことです。

でも、片方のミスはやんわり指摘すればよくて、もう片方のミスは必ず「これはいけない」と言っておく必要があります。どちらを指摘するべきかわかりますか?

正解は、Bのミスの方をしっかりと指摘する必要があります。Bのミスは、大幅な減点につながります。その上で、放っておくと、英語がどんどん苦手になっていってしまうのです。

　たとえば、「彼はリンゴを食べた」という文章を見てみましょう。日本語の場合、次のように単語の順番を入れ替えたとしても意味は伝わります。

・リンゴを彼は食べた
・食べたリンゴを彼は

　なぜ順番を入れ替えても意味が伝わるかというと、日本語には助詞があるからです。
　上の文章の「〜は」は主語を補助する副助詞で、「〜を」は直接目的語を示す各助詞です。
　つまり「〜は」があるので、どこにあっても「彼は」が主語だとわかり、「〜を」があるので「リンゴを」が目的語だということがわかるのです。
　助詞があるので、日本語は順番を自由に入れ替えることができる言語なのです。
　でも、その助詞が英語にはないのです。これが、1番の違いになります。

では、なぜ英語には助詞が存在しないのに、主語や目的語がわかるのか？　それは、「英語は“単語の順番”で主語や目的語を決めている」からです。

　英語で単語の順番を変えてみるとどうなるかを見てみましょう。

- He ate an apple.（彼はリンゴを食べた）
- An apple ate him.（リンゴが彼を食べた）→逆の意味になる
- Ate he an apple.（食べろ 彼は リンゴ）→意味が伝わらない

　2つ目は、単語の順番を入れ替えたことで、主語と述語も入れ替わり、逆の意味になりました。

　3つ目は、動詞を文頭に持ってきてしまっていることから、「食べろ！」と言っているような命令文のようなニュアンスになってしまい、「he」と「an apple」が何を指すのか判断ができなくなってしまいました。

　このように、英語は順番が違うと意味がまったく伝わらなくなってしまうのです。

　そしてその順番の大元になるのは、「主語＋述語」という考え方です。この順番をしっかり守っていないと、なかなか英語が上達しないのです。

主語：その行為をする人のこと／私、彼、彼女など

　　　　→基本的に、名詞と代名詞がなることができる

述語：主語が行う、行動を示す動詞のこと／会う、話す、

　　　　考えるなど

　　　　→基本的に、品詞の中で、動詞しかなることができ

ない

　英語は、必ず主語＋述語で始まります。「誰が」「どうする」という風に考えていくのが英語です。

「I」「think」とか、「You」「run」とか、まずは主語である「誰が」が来て、次にその人が「どうする」を考えていくのが英語という言語なのです。

「I talk him」と順番が固定されているから、「私彼　話した」が「私が、彼と、話したってことなんだな」と理解できるようになるわけです。

　ここまでを理解した上で、あらためてこちらをご覧ください。

A　I have a SUMAHO.（SUMAHOではなくphone）

B　Have a phone me.（順番が違う）

　Aは、文の構造としては合っています。減点があったと

してもそこまで大きくありません。－1点くらいです。それに、主語＋述語の流れをしっかりと明確にしているので、次も同じようなミスをすることはないでしょう。

でも、Bの間違いをしていると、大きな減点をもらってしまいます。それに、他でもずっと間違えてしまうことになります。

その上、どんなに英語の勉強をしても、順番に対する意識が低い状態だと、成績は上がりにくいです。

ただ単語の羅列として英語を考えて、「appleって聞こえてきたから、たぶんりんごを食べた話なんじゃないかな」と想像するような英語の勉強をしてしまいます。

それだと、単語が難しくなったり、内容が難しくなったりすると、一気に英語ができなくなってしまうのです。

重要なのは、中身が多少間違っていてもいいから、英文のリズムをしっかりとつかむことです。

「これ、sが抜けてるよ！」「これ、過去形だからedだよ！」「このスペル間違っているよ！」といった細かいことを指摘するのは後からでいいのです。英検®3級においては、そこまで大きなマイナスにはなりません。「順番が合っているか」ということが大切なのです。

よく親御さんの中に、「子どもの英語に対してのフィードバックをするときに、英文法的に合っているかどうかも指摘しないと」と考える人がいます。でもこれはかなり大変です。

　英語は言語なので、ちょっとした間違いまで含めると、たくさん指摘するべきところが出てきて、それだけで日が暮れてしまいます。

　暴論ですが、英文法なんて、後からつじつまを合わせてしまえばいいのです。それよりも重要なのは、この「英語のリズムをつかむこと」なのです。

　そしてこれは、スピーキングにも大きくつながります。「主語」「述語」の順番を意識した勉強を実践すると、英語が書けるようになると同時に、話せるようになるのです。これについては、またスピーキングの章でお話します。

　さて、ここで覚えておいてほしい英文法の前提知識がもうひとつあります。それは、「目的語」です。

　先ほど、主語と述語についてはお話しましたが、「私は買った」だけだと、伝わりませんよね。その目的となる言葉である「誰に」「何を」という言葉が必要です。「私は彼女に会った」の彼女、「私はプレゼントを買った」のプレ

ゼントなどを指します。これを、目的語と言います。

　重要なのは、この目的語を、動詞から派生して考えることです。

・「誰に」会ったんだろう？
・その人に「何を」したんだろう？

　このような頭の使い方をするのです。
　細かいことをお話すると、目的語は「に」→「を」の順番で書くのが英語のルールです。
　日本語で助詞をつけると、「彼女に」「プレゼントを」となりますよね。英語では、「に」がつく方が先で、「を」がつく方が後になります。
　日本語では「プレゼントを彼女に買った」でもいいのですが、英語では「彼女にプレゼントを買った」になるわけですね。

　そしてポイントは、「～に」「～を」という「もの」が入るので、目的語は基本的に名詞しかなれません。これも覚えておきましょう。

「私は、彼女に、プレゼントを買った」

1 主語「I」

2 述語「bought」

3 目的語（に）「her」

4 目的語（を）「a present.」

　→合わせて「I bought her a present.」

　ここまでの流れは理解できたでしょうか？　この「誰が？」「どうした？」「何を？」という順番で英文を書いていく訓練を続ければ、小学生でも文を書くことができます。多少の間違いがあっても、この3つのスキップさえクリアできれば、英作文を書くことができるのです。

　もちろんのことですが、英文には「これ以上」の部分もあります。使役動詞だったり、受動態だったり、いろんな表現があります。

　ですが、英検®3級の英作文であれば、ここまでで十分対応可能です。普通日本語では「誰が？」「何を？」「どうした？」の順番なので、最初は慣れないかもしれませんが、やっているうちに慣れていきます。

　さて、ここまで述べてきたことを子どもに理解してもらうためにおすすめなのが、「誰が？」「どうした？」「何

を？」を親御さんが聞いていく、という勉強法です。

　お子さんが「書けない！」と悩んでいるときに、「まずは、『誰が』を書こう！」「次は『どうした』を書こう！」と促していくのです。

　たとえば、「休日にはゲームをする」という英文が書けずに悩んでいたら、「まず、誰がゲームをするんだっけ？」と聞き、「私！」と答えたら、「じゃあ『I』だね。次は、私がどうするんだっけ？」と聞き、「遊ぶ！」と答えたら、「じゃあ遊ぶは、『play』だね」と促していくのです。

　ここでたとえば、「私がどうするんだっけ？」と聞いて「ゲーム！」と答えたら、「ゲームを、どうするんだっけ？」と促します。

　こうすることによって、子どもは主語と述語の関係性を理解していきます。「そっか、僕は、ゲームを『遊ぶ』んだな」と考えられるようになると、ライティングで苦労しなくなります。

3 ライティングの具体的な訓練：フィードバックはどうするか？

　さて、この意識を持ってもらった上で、いくつか過去問を解いてもらいます。大体10問くらい解くと、英文の流れや問題のテンポが理解できるようになり、解けるようになります。

　そうなったら、とりあえず子どもに英文を解かせて、書いてもらい、その英文を読んで、間違っているポイントなどを指摘していきましょう。

　とはいえ、細かい英文法のミスなどはあまり気にせず、文字数を埋められたらまず褒めてあげましょう。「えらい！」と。

　その上で、英文のリズムに対する間違いを指摘してあげます。「ここ、主語がないよ」とか「ここ、述語を入れないとね」と。これは、最初はなかなか難しいものであり、根気強く指摘していく必要があります。

　ですが、リーディングの問題やリスニングの問題も同時並行で解いていく中で、「あ、なるほど、そういうものなのか！」とつかめる瞬間が絶対に来ます。ここは親御さん

にとっても頑張りどころなのだと思ってください。

　ここで子どもがよくやってしまいがちなミスをひとつ紹介しておきます。
　それは何かというと、日本語に引っ張られて、表現してしまうことです。

　たとえば、「私はちんぷんかんぷんだ」を英語に直そうとして、「I am TINPUNKANPUN」と書いてきた子がいました。
　書こうとする意思はとても素晴らしいものですが、もっと簡単に言うことができますよね。
　こういうときにどうすればいいかというと、これも先ほどと同じように指摘していけばOKです。「誰が」「どうした」で考えていきましょう。

　まず、主語は「I」ですね。そして、私がどうしたから、「ちんぷんかんぷん」なのでしょう？　「わからない」「理解できない」ってことですよね。ということは、「I don't know」「I can't understand」などで表現できますよね。
　このように、日本語特有の表現をしている部分を指摘してあげて、簡単な言い回しに直してあげるように促しましょう。

イメージとしては、「詳しく説明する」感じです。「私は困った」をどう表現しますか？　「困った」＝「worry」という英単語だとわかっていれば簡単ですが、しかしその単語を知らない場合には難しいです。

　ですが「困った」とはどういうことなのか、簡単に説明するように考えていけば、英語にできるはずです。

「困る」とは、「どうしたらいいかわからない」ということですよね。ということは、「I don't know」でいいはずです。

「I don't know what to do」が正しい言い方でしょうが、「I don't know I do」というような表現をしても、ちょっとした減点で通過できるはずです。

　このように、知らない単語を回避して、英語にできない日本語をしっかりと簡単な英語に直せるような訓練を積みましょう。

　こうすることで、簡単な英語で難しいことを表現できるようになります。

子ども扱いしないこと

　英検®を受けるお子さんに対しての親御さんのスタンスとして、ひとつ強硬にお願いしたいことがあります。それは、「子ども扱いしないこと」です。

　たとえば、親御さんが英検®の勉強を自分で行って、その上で親御さんが先生になったかのようにお子さんに英語を教える場合があります。それは、短期的にはうまくいくかもしれませんが、親御さんが英検®についての勉強を教えられなくなった瞬間、破綻してしまいます。

　英検®4級レベルまでは親御さんが教えてなんとかなる家庭が多いのですが、3級以上は難しくなります。その理由は、親御さんが教えられないからだろう、と私たちは推測しています。結論、親御さんが教え込み過ぎるのはよくありません。

　そして同じように、お子さんを子ども扱いして、勉強していないときに「勉強しなさい！」と叱ったり、部屋でずっとお子さんの勉強を監視したり、テストを解いてもらって「ここがダメだ」と叱るような指導の仕方をしてしまうと、お子さんの英検®合格が遠のく場合があります。親御さんが熱心であればあるほど、お子さんは成績が上がらなくなるときがあるのです。

　当たり前ですが、子ども扱いを続ければ、子どもは子どものままです。「自分の言うことを聞いていればいいんだ」と指導する大人が多いと、「ああ、そうなんですね。じゃあ自分で考えずに、言うことを聞きます」と素直に受け入れてしまい、自分で考えることをしなくなってしまいます。

　教えなくても、子どもは自立できる。そう信じてあげない

と、子どもは自立しないのです。

　私たちはいろんな親御さんとお話する機会がありますが、その中には、私たちの話を聞いて、こんな風におっしゃる場合があります。

　「うちの子には、まだ『○○しなさい』と言わないと、自分では気づけないんです」と。それはもしかしたら正しいのかもしれません。

　ですが、逆説的ですが、親御さんがそう言っているうちは、子どもたちは本当に気づけないのだと思います。子どもは、大人が「この子は『ここまで』は成長するだろう」と考えたライン以上には育たないと言われています。大人が可能性を信じないと、子どもはその可能性以上にはならないのです。

　そして、そうやって子どもたちに成長してもらうためには、大人の役割としてやらなければならないことがあります。それは、「挑戦させる」ということです。

　もしかしたら、先ほどの話のように、子どもに任せているとうまくいかないかもしれません。「こういう風にしなさい」と言わなかった結果、実際にうまくいかずに失敗してしまうこともあるかもしれないでしょう。でも、失敗したということは、「学んだ」ということと同義だと思うのです。

　エジソンは、こんな言葉を残しています。「失敗したのではない。うまくいかない方法を見つけることに成功したのだ」と。

　つまり、短期的に失敗して、うまくいかなかったとしても、それは学びにつながるのです。「ああ、自分はこのポイントがうまくいかなかったんだな」「じゃあ、もっとこんな風にやらなければ」と、次に活かすことができるようになるのです。

第 6 章

スピーキング

—— 「完璧でなくても、
とにかく答える」
が攻略の鍵？

スピーキングの意識

　ここからはスピーキングについてご紹介します。英検®3級では、二次試験として課されています。一次試験で、リーディング・リスニング・ライティングができるかどうかが測られた上で、スピーキングの試験が課されることになります。

　試験内容は次の図のとおりです。基本的にはこれに関しても過去問があるので、親御さんが面接官となって聞いてみてください。だいたい3〜5回くらい実践すれば、問題なく実行できるようになると思います。

測定技能	形式・課題	形式・課題詳細	問題数	解答形式
スピーキング	音読	30語程度のパッセージを読む。	1	個人面接 面接委員1人 （応答内容、発音、語い、文法、語法、情報量、積極的にコミュニケーションを図ろうとする意欲や態度などの観点で評価）
	パッセージについての質問	音読したパッセージの内容についての質問に答える。	1	
	イラストについての質問	イラスト中の人物の行動や物の状況を描写する。	2	
	受験者自身のことなど	日常生活の身近な事柄についての質問に答える。（カードのトピックに直接関連しない内容も含む）	2	

過去問を見てもらえればわかりますが、基本的には、面接官からいろんな質問をされるので、それに対して答える形式になります。

「How many people are there in the picture?」＝「絵の中に人は何人いますか？」、「Where did the boy go?」＝「男の子はどこに向かいましたか？」というような質問をされるイメージです。

　ここで重要なのは、5W1Hの疑問視をしっかりと覚えておくことです。

When：いつ
Where：どこで
Who：誰が
What：何を
Why：なぜ
How：どのように

　その上で「How」は、数をたずねる表現でも使われます。「How many」で「どれくらいの数か」を聞いたり、「How long」で「どれくらいの長さか」を聞いたりします。このあたりの文法に関しては、事前に知っておかないといけません。

とはいえ、必要な英文法はこれくらいです。これさえ覚えておけば、あとはなんとかなります。

よく、「英会話ができない」と嘆いている人に「なぜ、あなたは英会話が苦手なの？」と聞くとこんな回答が返ってきます。

「英単語に大きな壁がある」
「英文法がわからないことが多い。この文法で大丈夫か不
　安になる」

大人でも子どもでも、英会話ができないと思ったら、「英単語」や「英文法」に原因を求める場合がありますが、正直それは些細な問題です。

3級であればそこまで細かく「今の名詞にはsをつけなければならないのに、つけられていなかったな」とか「英文法がわかっていないな」とか考えられて減点されるということはとても少ないです。

そんなことよりも、大事なのは、意識です。完璧でなくてもいいから、とにかく「答えよう」とすることが求められます。

きちんと考えて答えている相手に対しては、面接官がヒントを出してくれる場合もあります。重要な部分を強調し

てもう一度聞き直してくれたりとか、もう一歩答えがほしいときには答えを待ってくれたりとか、そんな風にして間接的にヒントを出してくれる場合もあるのです。

　大事なのは、心配し過ぎず、リラックスすることです。

「ちょっと間違っていてもいいから、しっかりと答えよう」

　このような意識が求められます。

　面接官として親御さんが接する場合も、その意識を持ってください。多少のミスには目をつむり、きちんと答えができているかをチェックしてあげましょう。

2 とにかく結論を 先に持ってくる意識

　さて、その上でもうひとつ、スピーキングで重要になるのは、英語の「結論ファースト」の文化を知っておくことです。

　日本語は、「あなたはこの意見に対して賛成ですか？反対ですか？」と聞かれて、「私は、この意見に対してはこう思っているので、賛成です」と、理由を先に述べて、最後に賛成反対を持ってきます。

　でも英語では、「Do you agree with this opinion?」と聞かれたら「Yes, I do. I think…」と続けていくことになります。先に答えて、その理由を後に述べるわけです。

　先ほどの「5W1H」の質問もそうです。「どこに行きたいですか？」だったら「おいしいものが食べたいので北海道！」でいいのですが、「Where do you want to go?」だったら「I want to go to Hokkaido! Because…」とつなげていかなければなりません。

　この感覚は日本人には馴染みの薄いものです。だから、

今回のような面接でなくても、英会話をしているときに外国人からイライラされてしまったり、ネイティブの相手から「別にいいけど、なんでこの人はこんなに周りくどいんだろう？」と、いらないところで相手の機嫌を損ねてしまう場合が多いです。

　結論を先に、スパッと答える。これはとても重要なポイントだと言えます。

　もし、文で答えるのが難しかったら、答えの単語だけでもいいくらいです。「I want to go to Hokkaido」でなくても、「Hokkaido!」と答えるだけでもいいのです。
「How many people are there in the picture?」に対して「There are 3 people in this picture」が正式な言い方だと思いますが、「3 people」または「3!」だけでもいいのです。

　スピーキングテストでは、とにかく「問いに対して答えられているかどうか」が重視されます。

　先ほどもお話したとおり、文法的なミスに関してはそこまで減点されません。
「大雑把でもいいから、きちんと問いに答えられているかどうか」が大事です。

　そして、結論の前にいろいろ言っても、そこは評価され

ません。極端な話、「Where do you want to go?」と聞かれて、「I like sushi. Sushi is very delicious.」と答えて、どこに行きたいかを答え忘れてしまったら、答えになっていないので、0点になってしまうかもしれないのです。

　ですから、とにかく答えを先に持ってくることが重要になります。

　結論だけ先に述べて、理由や説明は後から。そういう意識を持っている人の方が評価されます。親御さんも、その意識を持って指導してみましょう。

3 スピーキングはリズムが 大事

　さて、ここでもライティングと同じく、「誰が」「どうした」「何を」の3つのステップが求められます。

　もしお子さんが「うーん、なんて言えばいいんだっけ」と悩んでいたら、「誰が」「どうした」「何を」を促していきましょう。

　たとえば「What do you do in the holiday?」＝「休日は何をしますか？」と聞いたとします。

「ゲームで遊びます」と言いたいとき、先ほどの原則で考えて、まずは「誰が」という主語を考えて、「I」とだけ言う。

　次に「I」がどうするのか？　と考えて、動詞を口にする。たとえば「play」とかですね。

　そして、その後で付随情報を口にしていくのです。「I play」まで口に出して、そこに「何を」を付け足します。この場合は「game」と付け加えましょう。

　基本的に、どんなにゆっくりであっても、つたなくても、「この表現って大丈夫かな？」と思うような表現だっ

たとしても、主語と動詞がしっかりしてさえいれば相手に伝わります。

　逆にあまりよくないのは、単語だけを口に出すことです。「ゲームで遊びます」が出てこなくて「game!」とだけ言っても、答えになっていないので点にならないかもしれないのです（もちろん、「where…?」と聞かれて「TOKYO!」とだけ答えても点が来るなど、例外もありますが）。

　ですから、「誰が」「どうした」「何を」の3つのステップが必要なのです。
　頭の中に、この順番でイメージができてくると、英語のスピーキングが得意になってきます。

　たとえば、まず「I」と言ったら私をイメージします。
　そして、その人物が「何をするか」と考えていきます。「本を読む」ならまず「読む」という行為をするので「read」として、最後に「book」とつけます。
　「サッカーで遊ぶ」ならまず「遊ぶ」という行為をするので「play」として、最後に「soccer」とつける。
　他にも、「男の人がここに行く」と言いたいなら、「The man」と言って男の人のことをイメージし、その人がどんな行動をするんだろうという順番で考え、「行く」んだか

ら「go」になるな、と考えていく。

　このように、「英語の語順で考える」習慣をつけること
によって、英語を思い浮かべるスピードは格段に上がりま
す。ライティングでもスピーキングでもそれは同じであ
り、だからこそこのやり方ならどんどん英語をしゃべれる
ようになるのです。

4 映画を使った攻略法

　最後に、リスニングでもスピーキングでも効果を発揮する、「英語の映画を使った勉強法」についてお話します。

　英語を覚えるために、子どもに英語の映画を観てもらうという勉強法は、昔から効果があるものだと言われています。

　そしてたしかに、英語の映画を観て耳が育ったり、英語のリズムをつかめるようになることは多いので、我々としてもおすすめの勉強法になります。

　しかし、闇雲に映画を観てもらっても、あまり効果は出ません。意味のわからない言葉がずっと流れている状態だと、英語に触れていることにはならないのです。

　ですからおすすめなのは、「一本だけ」、その子の好きな映画で英語に触れてもらうことです。一本でいいです。その代わり、その一本は、字幕なしで、完璧に理解できる映画にしましょう。

　たとえばディズニー映画をいくつか観てもらって、子ど

もが「これが好き！」と感じた映画を選んでみましょう。

　映画を選ぶ際にもうひとつ重要なのは、「巻き戻し可能な媒体」を用意することです。

　よく、「Netflixなどの配信サイトで観てもいいじゃないか」と言う人もいますが、ボタンひとつで巻き戻しが簡単な方がいいので、DVDをおすすめしています。

　スクリーンプレイという手段もあります。これは、左側に実際の映画のセリフ、右側にその訳である日本語が書かれている映像作品のことです。

　ネットで調べてもらえるとわかると思うので、ぜひ探してみましょう。

　そして、その映画に関して、まずは日本語で観てもらいます。日本語で観て、どんなセリフが使われているか、どんなシーンがあるのかを確認します。

　それに慣れてきたら、「字幕」に切り替えましょう。英語と字幕を観て、「なるほど、こんな風な意味なんだな」と理解してもらいます。

　次に、好きなシーンを一部分だけ選んで、そのシーンのセリフを、英語と日本語を照らし合わせながら観てもらえ

れればと思います。1〜2分くらいのワンシーンでいいので、そこを何度も観てください。日本語版と英語版での違いを意識しながら、英語の文章を観ながらリスニングをしましょう。

　英語を見ながら音声を聞きつつ、頭の中で日本語に訳す。これを繰り返していくのです。

　そして最後はいよいよ、字幕を消してスクリーンプレイも見ずに、英語の音声だけでそのシーンを見てみましょう。英語の音声としてどういうことを言っているのかが理解できるようになれば、クリアです。

　他のシーンでも同じことをやってみて、映画も何も観ないでパッと口に出せるようになったら、英語に慣れてきた証拠です。

　これを繰り返して、映画全体のシーンを理解していくことができれば、相当なリスニング力・スピーキング力がついてきた証拠です。

　子どもの記憶力はすごいもので、この勉強法を実践すると、何人かの子は本当に何も見ずにすらすらと英語でワンシーンを実演できるようになります。ちょっとした日常会話でニヤニヤしながら英語を話し出したりします。

たとえば「アナと雪の女王」が好きな子が、この勉強法をやっているうちに「I belong here alone. I can be who I am without hurting anybody.」＝「私は一人でここにいる。自分でいられるし、誰も傷つけずに済む」と話し出したことがあります。その子は英文法の知識はなかったのですが、意味はわかっていてその英文を誦じられるようになっていました。

　このように、子どもだからこそ習得のスピードが速いというケースもあるので、ぜひとも実践してもらえたらと思います。

褒め方の技術

　もし子どもが問題を解けるようになったとき、みなさんはどのように褒めるでしょうか？

　英検®をとるために、子どもをうまく褒める技術も大切です。褒めるときにおすすめのテクニックは、「アイメッセージ」と呼ばれるものです。平たく言うと、「自分を主語にする」というものです。

　たとえば子どもの成績を褒めるときも、「いい成績だったね！嬉しいね！」ではなく、「○○ちゃん頑張ってたもんね。なんだか私も嬉しい！」というように、自分が喜んでいることをしっかりと明示します。
　そうすると、子どもは「自分が褒められる」という理由だけでなく、「親が喜ぶから」という理由でも頑張るようになるのです。

　さらに、アイメッセージのコミュニケーションは、会話の促進をします。「いい成績だったね」だと、そのあとあまり会話は続きませんが、「この問題が解けるなんてすごい。私が小さいときだったら絶対解けなかった！」などと「私」を主語にして話すと、「お母さんの小さいときってどんな感じだったの？」とか「この問題、たしかにすごく難しかった。こっちと迷ったんだよね」という会話になっていきます。
　「私」を主語にすると、会話が成立しやすいです。対等な関係

性の中でしか成立しないからです。

　英語では、「talk」と「speak」は同じ「話す」という意味の英単語です。でもこの２つはまったくの別ものであり、「talk」は自分だけでなく相手も話をして会話をすることを指すのに対して、「speak」は一方的に自分が語ることを指します。

　こう考えたときに、子どもに対して一方的に何かを話すのは「speak」であり、「説教」でしかありません。一方、相手からも何かを話してもらうのが「talk」であり、この「会話・対話」こそが重要なのです。

　実は子育てにおいて、この考え方は非常に重要です。親が子どもに一方的に押しつけるだけの教育を行っていると、たいていの場合、子どもは萎縮して、自分の意見を言えなくなってしまいます。
　それどころか、「親の言うとおりにやればいいや」と考えて、「自分の頭で考える」ということをしなくなってしまいます。子どもが自立的に考えられるように、ぜひアイメッセージを意識してみてください。

第**7**章

英文法

―― 英検®3級を
とるために必要な
4つの英文法とは？

1 点数につながる英文法がある

　英検®3級に関しては、中学校の勉強のすべてが範囲になります。具体的に言うと次のとおりです。

1 be動詞／一般動詞
2 否定文・疑問文
3 代名詞
4 現在時制／過去時制
5 命令文/Let's〜
6 受動態
7 疑問詞
8 There is〜
9 助動詞
10 現在進行形
11 未来形
12 不定詞
13 動名詞
14 比較級
15 最上級
16 現在完了形

17 **分詞**
18 **関係代名詞**

　中学校で習う英文法は、大体この18項目だと言えます。
　ですが、何度も述べているとおり、英文法に関しては必要なものとそうでないものがあります。

　たとえばですが、不定詞の問題や動名詞の問題などは、あまり英検®では出題されません。それに時間を使うよりは、とにかく単語を覚えて、問題を解いていく方がよい結果が得られます。

　とはいえ、最低限の知識として覚えておいた方がいいものもあります。
　具体的にお話しましょう。
　中学英文法の中で、「○　これはやっておいた方がいい」「△　やっておいても損はないが、優先度は低い」「×　あまりやらなくていい」という3つに分けていくと、次のようになります。

1 **be動詞／一般動詞**　　○
2 **否定文・疑問文**　　○
3 **代名詞**　　△

4 現在時制／過去時制　△

5 命令文／Let's〜　△

6 受動態　△

7 疑問詞　○

8 There is〜　○

9 助動詞　△

10 現在進行形　△

11 未来形　△

12 不定詞　×

13 動名詞　×

14 比較級　△

15 最上級　×

16 現在完了形　×

17 分詞　×

18 関係代名詞　×

　ということで、「1　be動詞／一般動詞」「2　否定文・疑問文」「7　疑問詞」「8　There is 〜」の4つに関しては、点数につながる可能性が高いので、実践してもいいと思います。

　これらの分野は、実は中1の英語の分野ですので、中学1年生向けの参考書で対応できる場合が多いです。1冊参

考書を買ってあげて、「解いてみよう！」と言えばいいと思います。

　おすすめは、『中1英語をひとつひとつわかりやすく。改訂版』（山田暢彦・監、学研プラス）です。ぜひ参考にしてみてください。

　本書では、親御さんが「教える側」に立ったときに苦労をしないように、最低限この4つの分野に関する英文法の話をしておきたいと思います。

2 be動詞と一般動詞の違い

　英検®3級では、英作文の問題も出題されることから、「be動詞と一般動詞」の使い分けができる状態になっていることが求められます。

　この違い、みなさんは説明できますか？

　まずbe動詞は、「am, is, are, was, were」の5つです。「am, is, are」は主語によって使い分けます。

■ am
→ 「I」
■ is
→ 「this, that, it, he, she」、または具体的に「your mother, Keiko」、さらにものも単数であれば使う（「my bag」など）
■ are
→ 「you（あなた、あなたがた）, we, they」、または具体的に「students, people」、さらにものも複数であれば使う（「my bags」など）

134

過去のことを話すときには「was, were」となります。

■ am , is
→ 「was」
■ are
→ 「were」

　そして、これは主語と後ろの言葉を「＝」で結ぶものになります。

・I am your friend. (わたしはあなたの友達です)
・This is book. (これは本です)

　次に、それ以外の動詞はすべて、一般動詞となります。「それ以外は一般動詞」と子どもに教えてしまっても問題ありません。

　たとえば「go(行く)」「come(来る)」「like(〜が好きだ)」「use(〜を使う)」「watch(〜を見る)」など。

【例】
・I go to school every day. (わたしは毎日学校に行きます)
・My sister likes music. (わたしの姉は音楽が好きです)

さて、be動詞とそれ以外の一般動詞の違いがあらわれるのは、否定文や疑問文を作るときです。これについては次の項目でお話します。

否 定 文 ・ 疑 問 文

　「not」を使った否定文や、相手に質問をする疑問文の作り方も、英検®の取得においては必要になります。

　まず否定文は、動詞の後ろに「not」をつければ完成というルールがあります。be動詞の場合はこうなります。

・I am not your friend. (わたしはあなたの友達ではありません)
・This is not book. (これは本ではありません)

　be動詞は、そこに「not」を書くだけなので、とても簡単です。しかし、一般動詞はそう簡単にはいきません。

・I do not go to school every day. (わたしは毎日学校に行きません)

　このように「do」が登場します。そうです、動詞の前に、「do not」とするのが一般動詞の否定文なのです。これがわからず、「I not go」とか「I go not」と書いてしまう子は割と多いのですが、そのときはきちんと「doが抜けているよ！」と指摘してあげましょう。

さらに、疑問文は「主語と動詞の順番を逆にして、最後に『？』をつける」のがルールになります。

・Am I your friend?（わたしはあなたの友達ですか？）
・Is this a book？（これは本ですか？）

　こういった感じですね。
　そして、一般動詞の場合は先ほどと同じく「do」ができます。

・Do you go to school every day？

　このように、最初に「do」が入ります。
　そして、主語が3人称・単数でない場合には「do」を使い、3人称・単数の場合には「does」を使います。「you」なら「do」、「he」なら「does」という感じですね。この、「do」のルールだけややこしいので、ぜひ意識して覚えておいてください。

　一般動詞についてまとめると、次のようになります。

【肯定文】They come here today.（今日、彼らはここに来ます）
※この文章を「今日、彼らはここに来ません」と否定文に

する場合、動詞の前に「do not」をつける

【否定文】They do not (don't) come here today.（今日、彼
　　　　らはここに来ません）

※「今日、彼らはここに来ますか？」という疑問文にする
　場合は、「do」を文頭に、「？（クエスチョンマーク）」を文
　末に配置する

【疑問文】Do they come here today?　（今日、彼らはここに
　　　　来ますか？）

　本当は、be動詞と一般動詞の違いは他にもあるのです
が、そこを説明する必要は3級においてはほとんどありま
せん。あまり考えずに教えていいでしょう。

　ちなみに、子どもによっては、「なんでdoが出てくる
の？」「突然出てきたけど、なんで？」と聞いてくること
もあるでしょう。そのときのために、一応なぜなのかをみ
なさんに共有しておきます。
　これは、実は昔の英文法と今の英文法の違いだと言われ
ています。たとえば、昔は肯定文でも「do」が使われて
いたのです。

・They do go to school.

「do＋動詞の原形」がワンセットで、「一般動詞」という扱いをしたのです。

　ですから、次のようになっていたわけです。

【肯定文】They do go to school.
【否定文】They do not go to school.←「do」に「not」
　　　　　をつける
【疑問文】Do they go to school?←「do」を文頭に置き、
　　　　　文末に「?」をつける

　これだったら、be動詞の場合とまったく同じ手順で否定文と疑問文が作れますよね。

　ですが、それがいつからか、肯定文では「do」は省略するようになりました。今、「They do go to school」と言うと、「今日、彼らはここに間違いなく来ます」と、動詞を強調する表現になります。書かなくていいものをあえて書いているから強調、ということですね。

　ということで、「否定文・疑問文で登場するdo」は、決して突然出てきたものではなく、肯定文で隠れていた「do」が、be動詞のルールと同じように移動したものだと言えます。

　もしお子さんに聞かれることがあれば、そう説明してあげてください。

There is構文

スピーキングのときに、「There is」「There are」の構文の使用を求められることがありますので、これも覚えておきましょう。

There is構文は、「There+be動詞＋人・物」という形で、人やモノなどの存在を表します。日本語で言うと「～がいる（ある）」という意味になり、たとえば「There is a cat」で「猫がいる」となります。

その人・モノが複数あるのか、ひとつしかないのかによって、「is」と「are」は変わり、次のように使い分けることになります。

「There is a man」＝「1人の男の人がいる」
「There are two people」＝「2人の人がいる」

そこに副詞を加えて、次のような形で文を作ることができます。

「There is a cat on this car」＝「車の上に、猫がいる」

スピーキング問題では「There is」から話始めた方がいい問題が多いです。

「How many people in this picture」＝「絵の中に何人の人がいますか？」

このように聞かれた際に、「3 people」とだけ答えるのではなく、「There are 3 people」というように答えた方がよい印象を持ってもらえることがあります。ぜひ覚えておきましょう。

5

5W1Hの質問について

5W1Hを使った質問は、英検®3級においてよく出題されます。これをしっかりと親御さんは覚えておく必要があるので、ぜひ知っておいてください。ここでは、5W1Hの質問について整理してみました。

When（いつ）

時間を意味します。伝えたい情報がいつ行われるのか、期間、期限などを伝えます。

英検®3級の問題であれば、イベントの行われる日時などが聞かれることがあります。この文に対する答え方は、たとえば、「When did you sleep yesterday?（昨日はいつ寝ましたか？）」であれば、「11 PM（I slept at 11 PM yesterday.）」と答えればいいわけですね。

Where（どこで）

場所を意味します。パーティーやイベントがどこで行われるのか、待ち合わせの場所や開催する場所・訪問先などを聞くために使われます。

この文に対する答え方は、たとえば、「Where do you

live?(あなたはどこに住んでいますか？)」であれば、「Tokyo(I live in Tokyo.)」と答えればいいわけですね。

Who(だれが)

その行為をした人物を指します。誰がその行為をしたのか、ということを聞くために使われます。

この文に対する答え方は、「Who is he near the window ?(窓の近くにいる人は誰ですか？)」であれば、「My grandfather(He is my grandfather.)」と答えればいいわけですね。

What(何を)

広く、「何が？」というものを指します。「What」は、一番広く質問されるものです。物の名前を聞くこともあれば、「What color do you like best ?(あなたは何色が一番好きですか？)」のように、ほかの言葉とくっつくこともあります。ここらへんは「How」と同じですね。

この文に対する答え方は、「What do you have in your hand?(あなたが手に持っているものはなんですか？)」であれば、「Pencil(I have a Pencil.)」と答えればいいわけですね。

Why(なぜ)

理由を指します。「Why」は、メール問題でよく出題されます。理由や原因を知るために聞かれるものです。

読解問題において、この問いは「この人物は、なぜそんなことをしたのか？」という形で問われることになります。たとえば、「Why dose he like this movie?(なぜ彼はこの映画が好きなのですか？)」であれば、「Because」を頭につけて、「Because this movie is so cool.」のような形で答えることになります。

　ただし、英検®3級においてはあまり「Why」型の質問はスピーキングで問われることはないので、あまり気にしなくていいかもしれません。

How（どのように）

　手段・方法を聞くものであり、他とくっついて数量などを聞く場合もあります。

　「How」は、広くいろいろな形で使われます。まず「How」単体だと「手段」を意味し、「どのようにするのか」というようなことが問われます。「How do you come to school?」で「どうやって学校に来ていますか？」という質問になりますが、これに対する答えは「By train」「By car」などとなります。

　スピーキングでこの質問はよくあるので、覚えておいた方がいいでしょう。

　さらに、「many」「long」などとくっついて、「How many（どれくらいの数なのか）」「How long（どれくらいの長さなの

か）」というような質問が行われます。「How many people in this party？（どれくらいの人数がこのパーティーにいるの？）」などと聞かれたら、「13 people(There are 13 people.)」のように答えましょう。

　さて、5W1Hの疑問文に対しては、次の3つのステップで考えることをお子さんにうながす必要があります。

ステップ1：まずは意味を理解する。何を聞かれているか、日本語を考える
ステップ2：疑問文を元の文章に戻す
ステップ3：聞かれた情報を答える

「When did you sleep yesterday?」を例に、具体的に見ていきましょう。

ステップ1：まずは意味を理解する。何を聞かれているか、日本語を考える

「これ、どういう意味だと思う？」とお子さんに聞いてみましょう。今回の場合は、「昨日はいつ寝ましたか？」ですね。

ステップ2：疑問文を元の文章に戻す

　次に、順番を変えます。主語を前に持ってきて、「you」を「I」に変えて、「I slept at 「　　　」yesterday.（私は昨日○○時に寝ました）」とします。

ステップ3：聞かれた情報を答える

　最後に、答えるべき情報を入れればOKです。「I slept at 11 PM yesterday.（私は昨日11時に寝ました）」となりますね。

　このステップをしっかりと意識しておいてください。

表現力をつけるために

　当然のことながら英語は言語です。そのため、どんどん自分の言葉で表現することができればできるほど、習得度は高くなっていきます。

　ですから、お子さんに「自分の気持ちを日本語でも英語でも表現してみよう！　口に出してみよう！」と指導するのがおすすめです。

　3級では出ませんが、準2級以上の英検®の英作文では、「あなたの意見」を聞く問題が出題されます。このような問題に対応できるようにするためにも、とにかく表現する習慣はつけておいた方がいいのです。

「でも、親が子どもの表現力をつけるためにするべきことってなんだろう？」

　そう考えてしまう方も多いと思うので、ここで簡単にできるテクニックを紹介します。

　それは、ただ子どもの話に、よいタイミングで相づちを入れることです。

　たとえば、「たしかに（That's true.）」とか「そうなんだ（I see.）」とか、「ほんとう？（Really？）」だったり……。相手が言ったことに対して、きちんとリアクションをしてあげることです。

　そして適切なタイミングで、「Why？」とか「When？」と

か、5W1Hの問いをしてあげましょう。

　相手の話をきっちり聞いた上で、しっかり相づちを打って相手の次の話を待つ。これだけで、意外と子どもは英語を楽しく話せるようになります。

親子で一緒に！
日常で見かける英単語クイズ

　英検®で登場する英単語の中には、日常生活の中に出現するものも多い、というのは第2章でお話したとおりです。親御さんは、お子さんにそんな「日常生活の中の英単語」に気づかせてあげるようなコミュニケーションをとっていく必要があります。

　日本では、カタカナでいろいろな英語を使っています。

「あのアイドルのコンサートのフィナーレはすごかった」
「ソーシャルディスタンスを保って生活しよう」
「ユニバーサル・スタジオ・ジャパンでマリオのエリアが
　オープンするんだって！」

　このように、いろいろな英単語が世の中にはあふれていて、これらの単語がたくさん英検®3級では出題されているのです。

　ここでは、親御さんがお子さんに質問してほしい、「カタカナ語の英語の意味」についてまとめています。

ぜひ参考にして、お子さんにクイズ形式で出題してみて
ください。

1 「ユニ」

【例題1】
　漫才などでよくある「ユニット」とは一体なんなので
しょうか？

【答え】
「Uni」は1つという意味を持ちます。このことから「unit」
は、それ自身で完全な「単一体」「一団」「部隊」というよ
うな意味になります。
　漫才はボケとツッコミで役割が分かれていますよね。ボ
ケだけでも、ツッコミだけでも面白くない。ボケとツッコ
ミが合わさってこそ、面白い漫才が生み出されるわけで
す。
　つまり、ボケとツッコミが合わさって完全な単一体に
なっているということから、漫才ユニットと呼ぶこともあ
るのです。

【例題2】

　イギリスの国旗のことを「ユニオンジャック」、アメリカのことを「ユナイテッドステイツ」と言って、「ユニ」は国家にかかわる言葉でよく使われていますが、これはなぜなのでしょうか？

【答え】

「United states」に含まれる「unite」は、「uni=1つ」というところから「〜を1つにする」「〜を結びつける」という意味を持ちます。

　ここで、イギリスやアメリカという国の成り立ちを考えてみましょう。

　イギリスはイングランド、ウェールズ、スコットランド、北アイルランドという4つの非独立国家が1つになって、連合王国として成り立っています。

　一方で、アメリカは法律や税金制度などが異なる50の州が1つになって、合衆国として成り立っています。

　つまりはどちらも、別々のものが1つに結びついてできた国ということですね。

　だからこそ国名や国旗名にも、ユニという言葉が入っているのです。

【例題3】

「ユニバーサル・スタジオ・ジャパン」の「ユニバーサル」とは一体なんでしょう？　宇宙のことを「ユニバース」と呼んだりしますが、それは何か関係があるのでしょうか？

【答え】

「uni=1つ」というところから「〜を1つにする」「〜を結びつける」ということは例題2で確認しました。

　そしてこのことから、「universe」はすべてが1つになったもの、つまりは「宇宙」「世界」を指すようになりました。

　では、ユニバーサル・スタジオ・ジャパンのユニバーサルは何になるのでしょうか？　英単語の「universal」は、「universe」の「すべてが1つになったもの」という意味から派生して、「普遍的な」「万人に通じる」「至る所に存在する」という意味になります。

　ここで、ユニバーサル・スタジオ・ジャパンがどのような場所なのかを考えてみると、ディズニーランドと並ぶ日本の代表的なテーマパークで、万人に好まれる場所といっても過言ではないでしょう。

　だからこそ、万人に通じる普遍的な場所ということで、ユニバーサル・スタジオ・ジャパンという名前になってい

るのです。

【問題】
　以下の単語の意味を答えてください。
　※答えを隠しながら問題を解いてください

・unique　　　　　「　独特な　」
　ヒント）ただ１つの、他にはできないようなこと
・unite　　　　　「　結びつける　」
・unity　　　　　「　統一　」
・unify　　　　　「　統合する　」
・uniform　　　　「　均一の　」
・universe　　　　「　宇宙　」
・university　　　「　大学　」
　ヒント）教授と学生が一緒になったもの
・universal　　　　「　普遍的な　」
・union　　　　　「　組合　」
・reunion　　　　「　再会　」「　同窓会　」
　ヒント）「Re＝もう一回」。「もう一度１つになる」とい
　　　　　うことは……
・united　　　　　「　結びついた　」
・united states　　「　合衆国　」
・unisex　　　　　「　男女共用の　」

154

ヒント）「sex=性」。「性が同じ」ということだから……

2 「プレーン」

【例題1】

「プレーンヨーグルト」というものがありますが、あれは
結局のところどういった味のことを指すのでしょうか？
そもそも、プレーンとはなんでしょう？

【答え】

　プレーンヨーグルトとは「甘みやフルーツなどが入って
いない、生乳を発酵させただけのヨーグルト」のことで
す。

　ここで使われているプレーンは英語で「plain」と書き、
「シンプルな、素朴な」という意味です。

「plain」の中心になっているのは「pla」で、「平らな」と
いう意味です。

　味が「平ら」というのは、調味料などによる強い味つけ
がされておらず、特徴的な風味・香りもない、素材本来の
「素朴・シンプルな」味、ということです。

　ちなみに「plain」は「平原」という意味もあります。
オーストラリアの「グレートプレーンズ」がこれですね。
平原も、起伏のある山地や丘陵とは違って、簡素で平らな
地域のことを言います。

【例題2】

　飛行機のことを「air plane」と英語では言いますが、あれはなぜ「プレーン」なんでしょうか？

【答え】

　飛行機は空を真っ直ぐ＝「平ら」に飛ぶから、または飛行機の羽が「平ら」だからです。

　同じく空を飛ぶものとして鳥などを思い浮かべますが、動物に比べると、飛行機の羽は地面と平行に、真っすぐ平らに伸びていますよね。飛行の様子も規則正しく、真っ直ぐに飛んでいることがわかるはずです。

　なお、こちらのスペルは「plane」で、例題1の「plain」とは異なるので注意してください。

　空を飛ぶ乗り物を総称する「aircraft」という表現もあります。「airplane（または省略したplane）」は、その中でも羽を備えたいわゆる「飛行機」を指します。

【例題3】

　説明することも「plain」と表現します。なぜ「平ら」が「説明」になるのでしょうか？

【答え】

　「説明」とは、疑問点やわからないことを外へ追いやっ

て、「平易」でわかりやすくすることだからです。

「説明」は英語で「explane」と書きます。このうち「ex」は「外」という意味で、「plane」は先程から扱っているとおり「平ら」です。

また、「平ら」から派生した意味として「明らかにする」というものも含まれています。人から説明される前はわからないこと、納得できないことが多くても、上手な説明を聞くことで、疑問点が整理されてわかりやすくなる経験が、みなさんにもきっとあると思います。

こうして頭の中を整え、理解を「平易」「明らか」にするというイメージから、「explane」に「平ら」が登場するのですね。

【問題】

以下の単語の意味を答えてください。

※答えを隠しながら問題を解いてください

・explain 　　　　　「 　説明する 　」

・plan 　　　　　　「 　プラン、計画 　」

　ヒント）頭の中にあるものを平面の図に書き起こしていくと……

・plate 　　　　　　「 　板、プレート 　」

③ 「ポーズ」

【例題1】

　ゲームやビデオで一時停止ボタンを押すと「ポーズ中」と表示されます。あの「ポーズ」とはどういう意味なのでしょうか？

【答え】

「停止する、休止する」という意味になります。

　日本語で「ポーズ」と発音する英単語は2つあります。「pose」と「pause」です。

　このうち、写真をとるときの「ポーズ」はpose、例題1のようにゲームなどで表示されるのは「pause」です。

　どちらも語源は同じで、「pos（置く）」というところから来ています。「pause」は、「pos」がそのままの形では使われておらず、少し形が崩れてしまっているのに注意です。

「pose」の場合、その場に身を置いて姿勢を保つことから「ポーズをとる」となります。

「pause」の場合、一時的に身を置いて休むことから「停止する」となります。

【例題2】

　重要な役職のことを「重要なポスト」と言ったりしますが、あれはどういう意味なんでしょう？　「ポスト」は、

郵便局の赤いポストと関係があるのでしょうか？

【答え】

　どちらも「pos（置く）」という意味がその根本にあります。

　役職というのは、その人が職場における「居場所、身を置く場所」と言うことができますよね。企業の中で、ある職員の職種や勤務地を変更することを「配置転換」と言うことがあります。ここからも、仕事においてその人が持っている役職は「身を置く場所」であるということですね。

　一方、郵便ポストは、郵便物を配送する経路に沿って、道路に「設置」されたものですよね。これも「置く」というイメージと合致しています。

【例題3】

　結婚するときに「プロポーズ」をすると思いますが、あれはどうして「ポーズ＝置く」なのでしょう？

【答え】

　自分の心の中にあった想いを、相手の前に、見えるように「置く」のがプロポーズ＝結婚の申し込みだからです。

　日本語でプロポーズというと結婚の申し込みを意味することが多いですが、英語の「propose」は広く「申し込み、

提案」のことを指すので、少し注意してください。

「pro」は「前に」という意味を指すため、語源をそのまま見ると「前に置く」ということになります。

内に秘めた想いやよいアイデアを相手の前に出す、見えるように置く、ということは、つまり「提案する、申し込む」ということになりますよね。

【問題】

以下の単語の意味を答えてください。

※答えを隠しながら問題を解いてください

・position　　　　「　立場　」

　ヒント）しっかりと身を置いて確固たる様子から……

・positive　　　　「　積極的な　」「　明確な　」

4 「フィナーレ」

【例題1】

映画の最後に出てくる「fin」とはどういう意味でしょうか？

【答え】

「fin」は「終わり」という意味になります。

英語における「fin」は「（魚などの）ひれ」という意味の

名詞です。

　しかし、英語とも密接に関係しているフランス語では、「fin」が「終わり」を意味する単語になるのです。映画などの最後に表示される「fin」は、フランス語だったわけですね。

　ただし、英語においても、「fin」は単語の一部として「終わり」「限界」などの意味を持っています。これから紹介する語も、よく見るとみな「fin」に関係する部分を持っていることがわかります。

【例題2】
「エンディング」と「フィナーレ」は何が違うのでしょうか？　そして、「end」と「finish」にはどんな違いがあるでしょう？

【答え】
　エンディングは、単に「終わり」「終局」を意味します。それに対してフィナーレは、エンディングの持つこれらの意味に加えて、「大団円」という意味があります。

　では、「大団円」とはどういうことなのでしょうか？これは、「ハッピーエンド」「めでたしめでたし」というように、物事が最後に具合よくおさまることを言います。つまり、フィナーレにはプラスの意味が含まれているという

ことですね。

　続いて「end」と「finish」の違いです。

「end」は、単に状態や行為などを「終わりにする」ことを表し、目標を達成したかどうかは問題にしません。

　一方、「finish」は、目標達成に重点が置かれていて、（最後まで）やり遂げて終わる・片づけて終わるなどといった意味です。

　フィナーレと同じく、単なる「終わり」以上の意味が含まれていることがわかりますね。

【例題3】
「経済」を指すファイナンスと、「終わり」という意味のファイナルは、英語を見ると、どちらにも「fin」が使われています。では、これら2つはどうつながっているのでしょうか？

【答え】
　どちらも「終わる」という意味と密接に関連しています。「final」が「終わり」なのはわかりやすいですよね。では、「finance」に含まれる「終わり」の要素は何かを考えてみましょう。

「finance」は「財政、金融」という意味です。「財政」という言葉をもう少し噛み砕くと、「公共団体が、何か任務

を行うためにする経済的活動」のことで、人々からお金を集めたり（税金など）、逆に人々のためにお金を支払ったり（年金、補助金など）することを指します。

　このようなお金のやり取りには、「お金を支払って終わらせる」「必要な料金・借金を払い終わる」という性質が含まれています。ここでようやく、「終わる」というニュアンスが出てきました。

　つまり「finance」は、お金のやり取りの「終わり」というところから「財政」という意味に発展したということですね。

【問題】

　以下の単語の意味を答えてください。

　※答えを隠しながら問題を解いてください

・fine　　　　　　　　「　素晴らしい　」「　罰金　」
　ヒント）1つ目は境界が定められて、これ以上ないということ。2つ目は境界を決めて「ここから先は揉めないってことでよろしく」ということ

・infinity　　　　　　「　無限　」

・final　　　　　　　「　最後　」
　ヒント）境界線の近くということはつまり……

・finance　　　　　　「　金融　」

・finally 「 最終的に 」
・finish 「 最後 」

5 「スタンス」

【例題1】
「スタンス」とはどういった意味でしょうか？ また、同じように「ステータス」という言葉がありますが、あれは一体なんなのでしょうか？

【答え】
　スタンスは、語源である「st,sta」が「立つ」という意味を持つので、立っている場所ということで「立場」という意味を持ちます。
　また、そこから派生して、「態度」や「構え」という意味も持つようになりました。
　一方で、ステータスは「社会的地位」という意味です。こちらも、語源が「st,sta」であるため、立っている場所というところから派生してこのような意味を持つようになりました。

【例題2】
「スタンダード」は、どういった意味でしょうか？ 「スタ」＝「立つ」とどういう関係があるのでしょうか？

【答え】

「基準」「水準」「標準」という意味です。

　立つという意味を持つ語源「st,sta」を持つことから、確立されたものという意味に派生しました。何かと何かを比べる上で、その基準となるものが頻繁に変わるものであっては意味がありませんよね。確立され、そこから変動がないからこそ、基準として機能するのです。

　このことから、現在のような意味になりました。

【例題3】

「ソーシャルディスタンス」という言葉が頻繁に使われましたが、「ディスタンス」とはどういった意味の言葉なのでしょうか？

【答え】

「距離」という意味です。

「distance」を分解すると、「dis+stance」になります。ここで、「dis」は否定を意味するのではなく、「離れて」という意味を持つことになります。離れて立っているから、距離という意味になったのです。

「dis」が「離れて」という意味を持つようになった背景には、「dis」が2という意味から生まれたということがあります。

有機化学を勉強している人にとってはおなじみかもしれませんが、ギリシャ語の1〜12の数字を表す接頭語で、「モノ・ジ・トリ・テトラ・ペンタ・ヘキサ・ヘプタ・オクタ・ノナ・デカ・ウンデカ」という言葉があります。3人組を「トリオ」と呼ぶことや、8本足のタコを「オクトパス」と呼ぶのは、これらの言葉に由来しています。

　そして、「dis」は2を表す「di」から生まれたということです。

　このことから、「1つ」になっているのではなく、「2つ」になっているというところから、「dis」は「離れて」という意味を持ったということです。

【問題】

　以下の単語の意味を答えてください。

　※答えを隠しながら問題を解いてください

・distance 　　　　　「　距離　」
・standard 　　　　　「　普通　」
・stans 　　　　　「　地位　」

6 「フォーム」

【例題1】

　野球やテニスなどのスポーツで「フォームがいい」と言

いますが、「フォーム」とはどういう意味でしょうか？

【答え】

　フォーム＝formとは「形」、もっと言うと「外から見たときの形」のことを指します。野球やゴルフ、テニスでは「どの位置に腕が来ていて、どの位置に脚があって…」という外から見た特徴を指して「フォームがいいね」とか「フォームが少し違うね」と言いますよね。「形」「形態」「外見」、そういうものを指してフォームと言うのです。

　だから、「フォーメーション」と言ったら「外から見たときにどう並んでいるか」を指す言葉になるわけですね。

【例題2】

「フォーマルな格好」というのはどういう意味でしょう？

【答え】

　正式な、堅苦しい格好のことを指します。

　なぜ「形」が「正式」になるのかというと、「形式ばっている」という日本語を知っていればわかるはずです。「形通り、型通り」というのは、言ってしまえば遊びがなくて堅苦しい状態のことを指します。

　だからこそ、「フォーマルな格好」といったら「形式ばっていて外見的にしっかりしている状態」のことを指す

わけです。

　余談ですが、「format」というのは「他にも使えるような型」のことを指し、「formula」というのは「数学などの公式」「決まった言葉」のことを指します。

「form」というのは「形式に乗っ取っている」という意味になるわけですね。

「フォーマル」が「正式」になるロジックがわかっていれば、「形」＝「正式・型通り・堅苦しい」というイメージが持てるようになるはずです。

【例題3】

　ユニフォームは「制服」ですが、それは一体なぜなんでしょうか？

　フォームが「形」だとしたときに、「形」と「制服」って一見結びつかなそうですが……。

【答え】

「ユニ」は「ユニコーン（一角獣）」のユニで、「1」という意味になります。すると「ユニフォーム」は「1つの形」という意味になるわけですが、これだけだと「制服」となかなか結びつきませんね。

　でも、「1つ」が「服」のことを指しているのだと気づけば、簡単に理解できてしまいます。制服って、つまりは

他の服は着ていなくて、みんなが同じものを身につけている状態ですよね。「1つの形（＝服）に統一されている」というわけです。だから、「ユニフォーム（1つの形）」＝「制服」になるのです。

　これと同じように、「conform」というのは、「con」が「一緒」なので「一緒の形にする」という意味になります。「一緒の形にする」とは、つまり「他の形を認めずに、1つの形に統一してしまうこと」＝「従う」という日本語訳になるのです。

【問題】

　以下の単語の意味を答えてください。

　※答えを隠しながら問題を解いてください

・form　　　　　　　「　形　」
・formal　　　　　　「　正式　」「　堅苦しい　」
・formally　　　　　「　正式に　」
・format　　　　　　「　型　」「　版型　」

7 「モチベーション」

【例題1】

　車などには「モーター」がついていますが、あれは一体なんなのでしょう？　モーターはどういった意味なんで

しょうか？

【答え】
　モーターとは、電力エネルギーを動力エネルギーに変える電動機です。ラテン語で「動きを与える」という意味の「moto」が語源となっています。ただの電気エネルギーを、モーターによって変換することで、車などの機械の動きに変えていくということですね。
　ちなみに、世界の電力消費量の半分近くがモーターで消費されていると言われています。

【例題2】
「モチベーション」、日本語に直すとどのように言うでしょうか？

【答え】
「人が何かをする際の動機づけや目的意識」のことを言います。

「テスト勉強は面倒くさいけどテストを乗り越えれば遊び
　に行けるから頑張る」
「次の試合で勝ちたいから部活動の練習を頑張る」

こんなふうに、みなさんも普段から「○○のために××する」と考えて、いろいろな行動を起こしているのではないでしょうか。そのときの○○の部分がモチベーションと呼ばれるものです。

「motivation」の「motive」は、「人を行為・行動に駆り立てる動機」という意味で、「動き、運動」という意味のラテン語「motus」が語源とされています。このことから、モチベーションが「動機づけ」という意味になることがうなずけますね。

【例題3】
「リモートワーク」をしている人も多いと思いますが、この「リモート」という言葉はどういった意味なのでしょうか？ 「モート」＝「動く」をヒントにして考えてみましょう。

【答え】
「遠い」「遠く離れた」という意味です。

「動く」という意味の「mote」に、「後ろへ」という意味の「re」がついて、複数の対象が異なる方向に「離れ」たり、「離れた状態での関係」のことを指すようになりました。

だからリモートワークは、離れた状態で仕事をするとい

うことになります。それぞれが自宅にいながら、オンライ
ンで会議をしたり、仕事を進めたりするということです
ね。

【問題】

　以下の単語の意味を答えてください。

　※答えを隠しながら問題を解いてください

・motion　　　「　運動　」「　動き　」

・motive　　　「　動機　」

・motivate　　「　〜に動機を与える　」「　やる気を出させる　」

・remote　　　「　遠い　」「　遠く離れた　」

[著者プロフィール]

相佐 優斗
Yuto Aisa

クラウドEnglish塾長。
早稲田大学社会科学部卒。幼少期、親の転勤によりアメリカ・オハイオ州に6年間滞在。英検®
取得後、TOEFL95点を取得。英語資格を活かし早稲田大学社会科学部に合格。また、高校時代、
全国スピーチコンテストで優勝。その後、自身の英検®・受験にまつわる経験を通して、全国
の生徒に高いレベルの教育を届けたいとの思いから、大学2年生時、孫辰洋と共にリザプロ株
式会社を創設し、英検®特化塾クラウドEnglishを創設した。著書に『ドラゴン桜公式　10日で
攻略　ドラゴン英検2級』（リベラル社）がある。

孫辰洋
Tatsuhiro Son

リザプロ株式会社代表取締役社長。
早稲田政経卒。大学進学時には、清華大学・早稲田大学（政治経済学部など4学部）に合格。
周囲からはアジアで最難関の清華大学に進学するよう勧められるも、早稲田大学政治経済学部
に進学することを決断。進学に際しては「教育で日本を強くする」という思いが決め手となった。
自身の経験から英語教育や体験学習等を設計し、オンラインで提供する日本最大級のオンライ
ン教育塾であるクラウド教育グループを設立、累計1万5000人の受験生の英語指導や総合型選
抜（AO）、海外大学受験入試の相談にのり、指導をしてきた。メディアではABEMA　Primeレ
ギュラーも務める。著書に『ドラゴン桜公式　10日で攻略　ドラゴン英検2級』（リベラル社）
がある。

英語が苦手な小学生の９割が
必ず英検®3級をとれるようになる本

2024年６月10日　　初版第１刷発行

著　者　　相佐 優斗
　　　　　©2024 Yuto Aisa
発行者　　張 士洛
発行所　　日本能率協会マネジメントセンター
　　　　　〒103-6009　東京都中央区日本橋2-7-1東京日本橋タワー
　　　　　TEL：03-6362-4339（編集）／03-6362-4558（販売）
　　　　　FAX：03-3272-8127（販売・編集）
　　　　　https://www.jmam.co.jp/

ブックデザイン　　山之口正和＋齋藤友貴（OKIKATA）
イ ラ ス ト　　みずす
本 文 Ｄ Ｔ Ｐ　　株式会社明昌堂
印 刷・製 本　　三松堂株式会社

ISBN 978-4-8005-9212-5　C0037
落丁・乱丁はおとりかえします。
PRINTED IN JAPAN

双子小学生 英検1級 とれちゃいました

トワエモア　著

四六判　200頁

小学5・6年生で英検®1級に合格した双子姉妹は、どのようにして小学生で合格できたのか？　1歳になる前から、英検®3級レベルの母が（父は全く英語ができない）「おうち英語」をスタートさせ、子どもが成長していく中で、英語イベントの参加など、色々な英語体験をしてきた経験などから、帰国生ではないのに二人とも英検®1級を取得。その後帰国生（＝英語）受験をして、現在は名門中学で学んでいる姉妹自身が書く、英語学習体験を紹介する一冊（お母さん視点の補足つき）。子どもの英語力向上、おうち英語、英検®合格、帰国生受験など、子どもの英語学習に役立つ一冊です。

日本能率協会マネジメントセンター